すぐに役立つ　　最新

図解とQ＆Aでわかる

近隣問題【建築・道路・境界・住環境】の法律とトラブル解決法

弁護士
木島 康雄［監修］

三修社

本書に関するお問い合わせについて

　本書の内容に関するお問い合わせは、お手数ですが、小社あてに郵便・ファックス・メールでお願いします。お電話でのお問い合わせはお受けしておりません。内容によっては、ご質問をお受けしてから回答をご送付するまでに1週間から2週間程度を要する場合があります。

　なお、個別の案件についてのご相談や監修者紹介の可否については回答をさせていただくことができません。あらかじめご了承ください。

はじめに

建築物、道路、境界、住環境に関する法律問題は、私達が生活する上で最も関わり合いが深い問題です。建物を建てる際には、法律に反する建築計画であれば許可されません。近隣に建設予定の建物による悪影響が想定されるようなケースでは、建設計画に建築基準法などのルール違反がないか調べる必要があります。

また、長く居住していく中で近隣とのトラブルになる事例も多くあります。たとえば、隣地の樹木が自分の敷地にはみ出していたり、隣人が勝手に自分の敷地を通行している、隣地の所有者が別の境界線を主張しているといった敷地の通行や境界に関するトラブルです。

道路に関するトラブルにも注意が必要です。自分の土地と周囲の土地の状況から他人の土地を通行する必要性が出てくるケースがあり、通行権の確保が重要な問題となります。さらに、土地の境界が明確に定まっていないような土地については、境界を確定させる際に境界線の位置や設置する塀などの費用負担をめぐり紛争となる可能性もあります。この他、建物に関係する問題として、近年では、人口減少や過疎化などの影響により空き家問題も深刻化しています。

トラブルを防止・解決し、安全で快適な暮らしを維持していけるよう、どのようなルールや権利があるのかを知っておくことは重要です。本書は、各法律の基本的な知識と必要な手続きを、建物の建築に関する都市計画法・建築基準法から通行権・私道・境界確定・日照権に至るまで、建物の所有や近隣との関係についてのトラブルや法律問題を141のQ＆A形式で解説しています。また、民法、建築基準法、不動産登記法などの法改正にも対応しており、内容証明郵便の出し方や訴訟、仮処分などの法的手段についても解説しました。

本書を通じて建築・道路・境界や近隣問題解決の一助になれば、監修者として幸いです。

監修者　弁護士　木島　康雄

Contents

第2章　袋地・通行権をめぐる法律問題

第３章　道路・私道をめぐる法律問題

第４章　境界や塀をめぐる法律問題

第6章　空き家やその他日常生活をめぐる法律問題

第7章　トラブル解決のための法的手段や手続き

第1章

建築工事・建築確認をめぐる法律問題

Question 1 建築前の現地調査としてどんなことをすべきでしょうか。

Answer 地図の入手や用途地域の確認など、現地調査をするための必要な準備を行います。

建物（建築物）を建築する際には、建物を建てようとしている敷地の現地調査と事前の準備が必要不可欠です。

事前の準備としてすべきことは、まず現地周辺の地図を入手することです。最も多くの情報が載っている地図は「ゼンリン住宅地図」です。ただ、この地図は詳細な情報を掲載している代わりに高価なものなので、現地の場所がわかればよい場合には、インターネット上の地図サイトで閲覧することができる地図などを使用します。

また、建物を建築する予定の敷地が、どのような用途地域として指定されているかも調べておく必要があります。どのような用途地域として指定されているかによって、建蔽率・容積率・高さなどの建築制限の内容が変わってくるためです。

その他、インターネット上の地図サイトのストリートビュー（グーグルマップなど）という機能を活用すると、現地周辺の状況も確認することができます。確実な情報が得られるわけではないですが、現地周辺の大まかな雰囲気は把握することができます。

●境界の問題はあなどれない

建物を建築するための設計を行う際には、敷地の境界を確認する必要があります。もし境界の確認を怠って建築を始めてしまうと、後のトラブルの原因となってしまいます。

境界トラブルを起こさないためにすべきことは、まず土地の所有者や建設業者と一緒に境界の位置を確認することです。境界標や杭があれば、それを参考にして境界の位置を確認することができます。ここで気をつけるべき点は、境界標や杭があるからといって、その場所が境界となっていると即断しないことです。確かに、境界標や杭があれば、その場所が境界である可能性が高いといえます。しかし、境界標や杭を誰かが勝手に設置したり、その設置後に移動させられていたりする可能性があります。そのため、境界標や杭があるとしても、境界の位置を土地の所有者などと一緒に確認する必要があります。

また、不動産登記などの資料にも目を通しておきましょう。一筆の敷地になっているように見えても、登記簿上は何筆かに分かれている可能性や、一筆の土地の一部でしかない可能性があるためです。登記簿と現地の状況が異なっているからといって、直ちにトラブルが生じるわけではありませんが、登記簿と現地の状況が異なっていることを頭に入れておくことで、後のトラブルを防ぐことができます。

●怠ると費用がかさむこともある

建物を建築する場合は、インフラを整備する必要があります。現地調査を怠っていると、インフラ整備のために思わぬ費用がかさんでしまうことがあり得ます。現地調査の段階で、上下水道、ガス、電気が引き込まれているかどうかを確認します。

上下水道については、水道局などに連絡し、引き込みの状況を把握します。ガスについては、ガス会社に連絡し、引き込みの費用をガス会社が負担する場合もあるので、その点を確認します。電気については、敷地が広大な場合は引き込み柱が必要となるので、注意する必要があります。このように、インフラ関係については、現地調査の際に合わせて確認しておくことが必要になります。

Question 2 土地に関する公図・地積測量図とはどのようなものなのでしょうか。

Answer 公図は登記所にある地図で、公図より信頼性が高い図面を地積測量図といいます。

土地に関する情報は、現地調査を行っただけではわからない事柄もあります。現地調査を補完するものとして、土地の所有関係や位置関係を把握するために参考にするのが公図です。

通常、土地の上にあるものを示す場合は地図が使われます。不動産も土地や建物の所在を示すには地図が最適なはずです。そのため、不動産登記法では、各法務局に高い精度をもつ地図を備え置くことを定めています（14条地図）。しかし、予算不足などの事情から、多くの法務局に14条地図は配備されていません。その代わりに、法務局には「公図」という図面が置かれています。

公図は、登記所に備え付けられている地図のことです。公図を見ることで、土地の形状をつかむことができます。また、公図を使って必要な土地周辺の所有関係や位置関係を把握します。

公図は、もともと税金を徴収するために作成されたものを、税務署から法務局に移したものです。ただ、多くは明治時代に作成されたものが基になっており、現在の地形、面積、位置関係を正確に反映しているとは限りません。そのため、公図の写しを取得しても登記事項証明書のような正式な証明書としては使用することができません。

ただ、登記事項証明書などと併せて使用することで、参考資料として十分利用できます。公図は、法務局の窓口またはインターネットで請求して取得することができ、窓口請求の場合は１枚あたり450円です。

なお、登記所に保管されている図面には、公図の他に地積測量図があります（下図）。現代の測量技術を用いて作成されているので、公図と比べて信頼性が高いといえます。地積測量図は土地の地積を明確に記載しており、土地の表示の登記や、地積の変更の登記、土地の分筆の登記、地積の更正登記手続きを行う際に、添付書類として地積測量図を提出する必要があります。

■ 公図

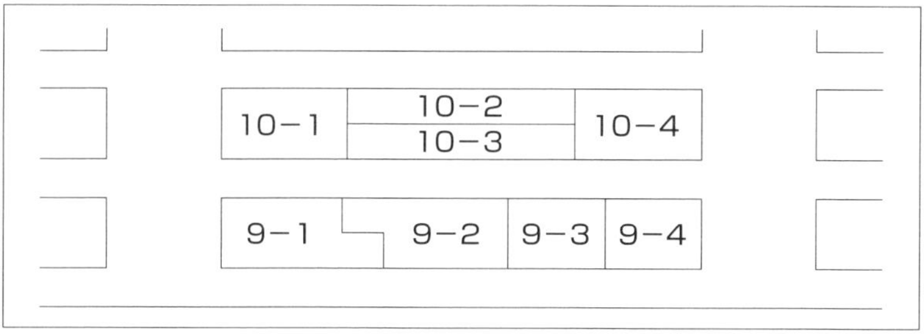

■ 地積測量図

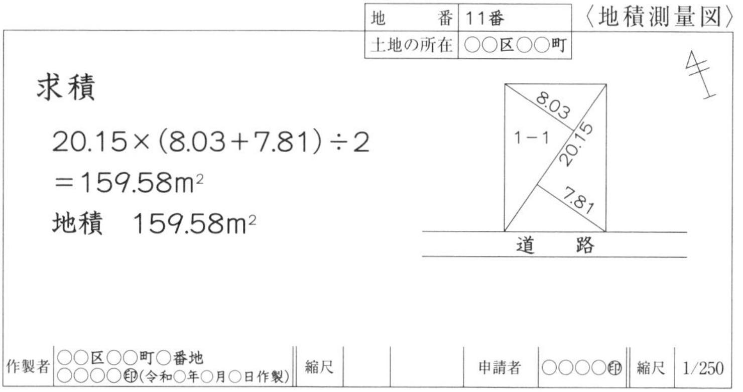

Q3 Question 公図と実態が食い違っている場合、修正などを行うことはできるのでしょうか。

Answer 現況に合わせて分筆・合筆が可能である他、所有者等は地図訂正の申立ても可能です。

土地の境界が公図上では直線であるのに、実際には建物がお互いの境界を越えている、というように公図と現況が食い違っている場合、お互いに相手の土地に出ている部分の土地を、お互いの土地に所属するように組み入れ、分筆・合筆を行うことで、公図を現況に合わせることができます。分筆とは、一筆の土地を複数の土地に分割することです。合筆とは、複数の土地を一筆の土地に合体させることです。分筆・合筆した新たな土地は、その土地の上にある建物の状況とも一致することになり、公図に新たな境界線が生じます。この方法は、厳密には公図の訂正ではありませんが、結果として現況と一致した公図ができあがります。この場合、分筆・合筆を行うことについて相手の同意書が必要ですが、相手が同意しないからといって、同意を求める訴訟が起こせるわけでもありません。

一応、公図や地図が間違っている場合、所有者やその他の利害関係人は、その訂正（地図訂正）の申立てをすることもできます。登記官は、地図訂正の申立てを受けて、実地調査などを行います。実地調査などの結果、公図や地図が誤っていた場合には、それを登記官が訂正します。申立てをする際の証拠資料の作成は、とくに公図の場合は作成された明治時代まで遡って境界線の誤りを証明しなければならず、実際には大変困難です。

Question 4　建物の高さや軒の高さはどこを基準にして測るのでしょうか。

Answer　原則として地盤面が建物の高さや軒を測る際の始点となります。

建物（建築物）の高さを測る際に問題となるのが、どこからどこまでを建物の高さとするのかという点です。とくに建物の接地部分（接地面）が斜面である場合には、高低差があるため、どこを高さ測定の始点にするかを決めなければなりません。斜面に建てられた建物の接地部分の高低差における平均の位置を地盤面といいますが、この地盤面が建物の高さを測る際の始点となります(ただし、174ページで説明する道路斜線の規定による高さは、道路中心線からの高さとなります)。たとえば、斜面に建っている建物の接地部分の高低差が３ｍある場合には、ちょうど真ん中の1.5mの地点が地盤面となり、その地点から建物の高さが測定されることになります。

地盤面の基準について、少しややこしいのが「接地部分の高低差が３ｍを超える場合」です。この場合は「３ｍごと」に地盤面があるとします。つまり、複数の地盤面があると見るわけです。

●軒の高さについて

軒の高さ（軒高）とは、地盤面から建物の小屋組や横架材を支える壁や柱の上端までの高さをいいます。柱の他にも、横架材を支える壁などを測定対象とすることもあります。具体的には、木造の建物では、地盤面から敷桁の上端（柱の上部を連結している桁の上端）までの高さ、鉄筋コンクリート造や鉄骨造の建物では、地盤面から最上階のはりの上端までの高さが、それぞれの軒の高さになります。なお、例外として「地盤面」に代わり前面道路の路面の中心から軒の高さを算定する場合もあります。

■ 地盤面とは

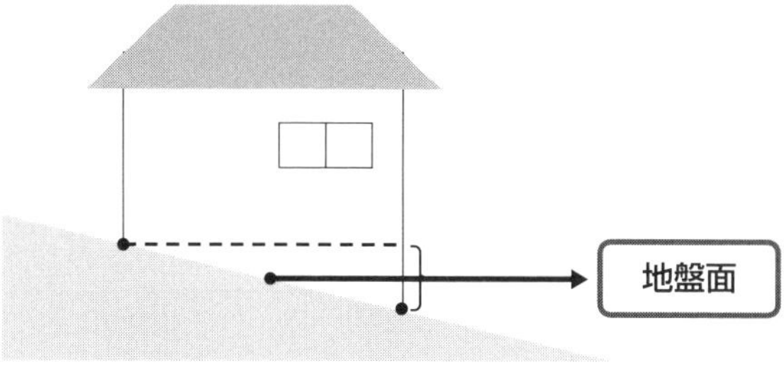

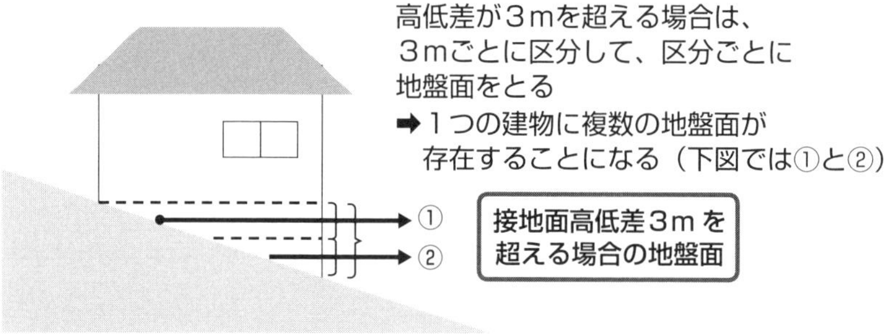

■ 軒の高さについて

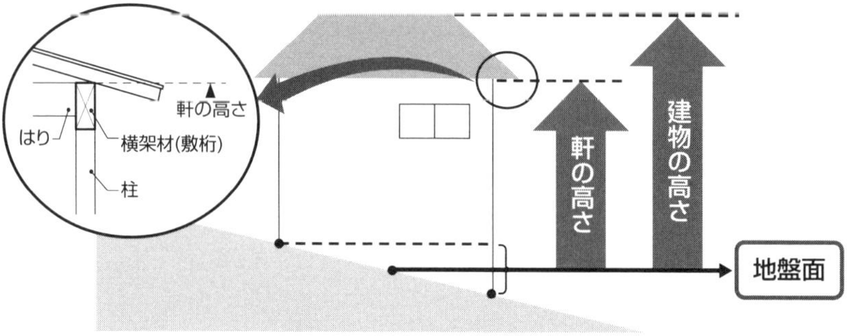

Question 5 建物の基礎に問題があると建設後どんな影響が出るのでしょうか。

Answer 建物の基礎に不具合があると、建物全体の安全性が脅かされてしまいます。

建物（建築物）を建てるためには、その建物の重量を支える基礎が必要です。基礎とは、建物の力を地盤に伝え、建物を安全に支える機能をもつ建物の下部構造のことです。建物の基礎に不具合があると、その建物全体の安全性が脅かされてしまいます。

建築基準法施行令38条によると、建物の基礎は、建物に作用する荷重や外力を安全に地盤に伝え、かつ、地盤の沈下や変形に対して構造耐力上安全なものとしなければなりません。具体的には、高さ13mまたは延べ面積3000㎡を超える建物で、建物に作用する荷重が最下階の床面積１㎡につき100キロニュートンを超えるものは、基礎の底部が良好な地盤に達していなければなりません。

安全な基礎を設計するには、建物に適したＮ値（地層の硬さを示す値）以上の地層がどこに存在するかを調べる地盤調査が重要です。地盤が硬い台地などに建物を建築する場合には、地盤を数m程度掘るだけで十分な基礎を作ることができます。しかし、川や海の周辺など、軟弱な地盤においては、浅い基礎では建物を支えることができないため、深く杭を打ち込み建物を支える杭を打ち込みます（これを杭基礎といいます）。

6 Question 農地を宅地にしたい場合の手続きについて教えてください。

Answer 農地を宅地にする場合、農業委員会への許可申請手続きが必要です。

土地の所有者は、原則として自分の土地を自由に使用することができます。土地を宅地にするか、駐車場にするかといったことは、土地の所有者の一存で決まります。

しかし、農地については、農地の上に住宅を建てたり駐車場を作ったりするなど、農地以外の目的で使用する場合には、農業委員会の許可が必要です（農地転用の許可）。もし農業業員会の許可を受けられないと、農地の上に住宅を建てるといったことはできなくなります。

ただし、市街化区域（165ページ）内の土地であれば、事前に農業委員会への届出をすれば、農地を宅地に転用できます。一方、市街化調整区域内であれば、原則として農地転用の許可が下りませんが、地方によっては市街化調整区域内であっても農地転用が許可されることがあります。そのため、個別のケースごとに農業委員会に相談することが必要です。

●許可申請をするには

農地を農業以外の目的で使用する場合は、市街化区域内である場合を除き、原則として農業委員会の許可が必要です。手続きとしては、農業委員会で許可申請のための書類を受け取り、その書類に必要事項を記入して農業委員会に提出します。農地転用を許可するかどうかの審査は通常１～２週間ほどかかります。この申請手続きは、弁護士や行政書士に依頼すれば代わりに進めてもらえます。

農業委員会の許可が下りれば、農地を宅地などに転用することが可能になりますが、登記の記載事項も変更する必要があります。具体的には、登記の地目部分を田・畑といった農地からそれ以外のものに変更します（地目変更登記）。地目変更登記の申請は、土地が所在する場所を管轄する法務局で行います。また、農地転用の許可には、さまざまな条件がつけられることがあります。条件をつけられた場合、転用の条件と、申請のときに添付した計画内容が達成できる見込みがあると認められたときに、登記所の係官が現地を確認の上で、宅地などに地目を変更し、農地転用が許可されることになります。

なお、農地転用の許可につけられた条件に違反したため、許可が取り消された場合、農地の所有権は最初から買主に移転しなかったことになります。農地を転用したい場合は、農地がどの区域に属するかを調べて、許可や届出といった手続きを済ませる必要があります。

■ 農地を転用するときの手続き ……………………………

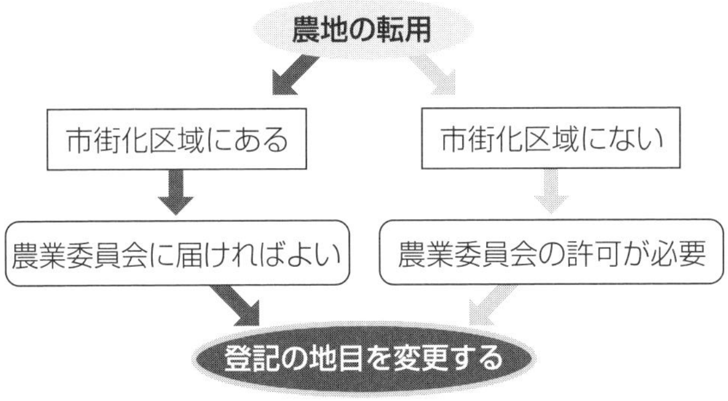

Question 7

敷地の路地のようになっている部分のみが道路に接するような形状の土地の上に、建物を建築することは建築基準法上問題はないのでしょうか。

Answer 建築基準法上の規制は受けませんが、各地方自治体の条例を確認する必要があります。

本ケースのような敷地を路地状敷地といいます。たとえば、正方形の敷地に細長い長方形の敷地がくっついた場合です。そして、細長い長方形の短い辺の部分が道路に接しており、正方形の敷地の部分に新しく建物を建築しようとする場合が、本ケースに該当します。道路から建物に出入りするには、細長い長方形の敷地を通るしかありません。この場合、正方形の敷地に建物を建築することが許されるか、というのが本ケースの問題点です。

建築基準法では、都市計画区域内では、建物を建てる場合、原則として建物の敷地が２ｍ以上道路に接している必要があります(接道義務)。道路から奥まった場所に建物を建てる場合も、２ｍ以上建物の敷地が道路に接するようにしなければなりません。建物の敷地が２ｍ以上道路に接していなければ、原則としてその敷地に建物を建築することはできません。本ケースでは、細長い長方形の敷地の短い辺の部分が２ｍ以上道路に接していれば、正方形の土地に建物を建てたとしても建築基準法に違反しないように見えます。

しかし、本ケースでの長方形の敷地が２ｍ以上道路に接しているといっても、その長い辺の部分が相当な距離がある場合（建物の敷地のうち建物に通じる路地上敷地の部分の長さに相当な距離がある場合）には、防災上の観点から問題が生じる可能性があります。たとえば、路地上敷地の周囲が池や沼であるため、２ｍ以上の幅員があっても路地状敷地の部分の通行が難しいとすると、災害が起こった際に路地上敷地の部分を通行できず、被害が拡大してしまうでしょう。

そこで、防災上問題が生じる可能性がある場合には、各地方自治体の条例によって、路地上敷地に対して建築基準法より厳しい制限がかけられています。本ケースのような路地状敷地に建物を建築しようとする場合には、建築基準法だけではなく、各地方自治体の条例による規制がなされていないかを確認する必要があります。

■ 路地状敷地

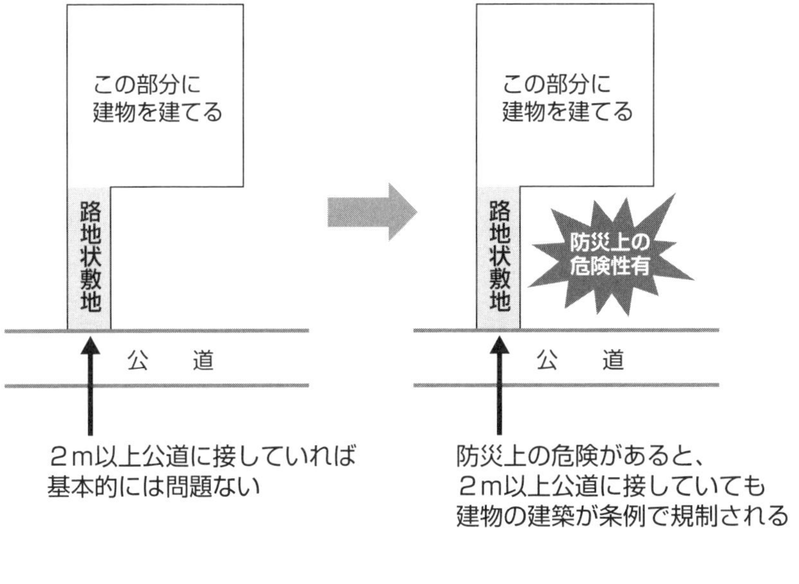

Question 8

自分の土地に新たに建物を建築する予定です。この場合、隣地との境界からどの程度離す必要があるのでしょうか。境界についての規定はありますか。

Answer 基本的には慣習に従いますが、民法上は50cm以上離す必要があると規定しています。

建物をどの程度離して建てるべきかについては、その地方の慣習に従うものとされています。一方、慣習がない場合には、民法の規定により、境界から50cm以上離さなければならないのが原則です（民法234条１項）。採光や通風、延焼の防止を図る必要があるからです。ここで「50cm」というのは、建物の外壁（出窓があれば出窓）から境界までの最短距離のことで、屋根やひさしから測定するわけではありません。

また、建築基準法により、民法の規定よりも境界との距離を広く保たなければならない場合があります。たとえば、住環境の保護が優先される都市計画区域（第一種低層住居専用地域、第二種低層住居専用地域、田園住居地域）において、建物の外壁と道路や隣地の境界との距離を１ｍまたは1.5ｍ以上に保たなければならないとする規制があります。これを壁面後退（外壁後退）といいます。

一方、建築基準法には、防火地域や準防火地域では、外壁を耐火構造にしている場合、外壁を境界から全く離さずに接して建ててもよいとする規定もあります。この規定は、民法の規定よりも緩やかなので、どちらの規制に従うべきかが問題となりますが、最高裁判所の判例は、原則として建築基準法が民法よりも優先するとしています。つまり、防火地域・準防火地域内の場合には、隣地の所有者の承諾がなくても、その境界線に接して建物を建てることができ、隣地の所有者は、これを阻止できないことを意味します。

なお、民法の規制に反して建物を建てようとする者がいる場合、隣地所有者は、その建築の中止や変更の請求が可能であり、これらの請求を無視する場合は、建築工事の差止めを求めて裁判所に出訴することができます（民法234条２項本文）。

ただし、建築に着手してから１年以上経過した場合や、建築が完成した後は、中止や変更の請求はできず、損害賠償の請求のみにとどまります（民法234条２項ただし書）。そのため、建築の中止を確実にしたい場合は、裁判所に建築工事禁止の仮処分を申し立てることが効果的です。

■ 民法における境界の規定 ……………………………………………

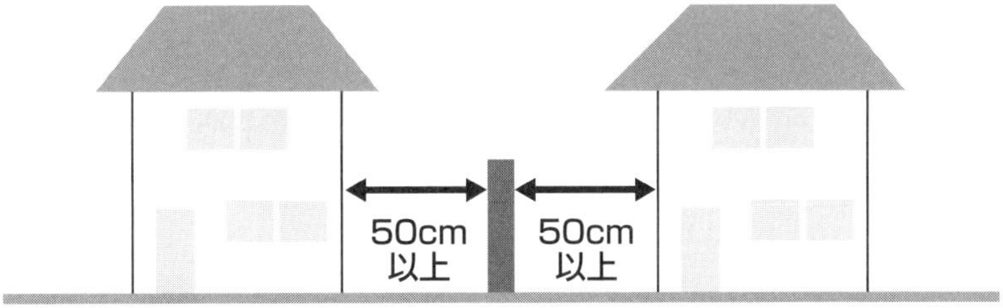

Question 9 自分が知らない間に隣人が1年前に境界ぎりぎりに建物を建てた場合、建物取壊しや損害賠償の請求は可能でしょうか。

Answer 建物が完成しているので、損害賠償請求はできますが、取壊しの請求はできません。

民法によると、建物は境界から50cm以上離さなければならないことになっています。一方、建築基準法によると、防火地域や準防火地域内では、建物の外壁を耐火構造にしている場合、境界に接して（境界から離さずに）外壁を設けてもよいことになっています。

境界から50cm以上離れていない建物については、建築の着手から１年を経過しているか、または建築の完成後は、損害賠償請求しかできません（民法234条２項ただし書）。本ケースでは、隣人の建物がすでに完成しているので、損害賠償は請求できます。しかし、隣人が建物を建てているという事実を知らなかったとしても、隣人に対して建物の取壊しを請求することはできません。

なお、建築基準法の規定と民法の規定では、建築基準法の規定が優先的に適用されます。したがって、防火地域や準防火地域内で外壁を耐火構造にしている建物については、境界ぎりぎりに建てていても損害賠償請求はできません。また、自分の所有する土地に自分で建物を建てる場合、原則として隣地所有者の承諾や同意を得る必要はありません。その他、地方によっては、条例で「建築の際には告示したり説明会を開催しなければならない」という定めを置いている場合があるので確認するとよいでしょう。

Question 10

自宅の隣の空き地で建築工事が始まりましたが、建物が境界を越えることが判明しました。工事の中止や後から撤去を請求することは可能でしょうか。

Answer 工事の中止や完成後の撤去を求めることができ、仮処分命令によって越境を中止させることもできます。

自分の所有する土地の境界を越えて建物を建築するには、境界を越えた先の土地（隣地）の所有者の承諾を得るか、もしくは契約を結ぶなどして、隣地を使用する正当な権利を得ておく必要があります。越境について正当な権利がない場合、隣地の所有者は、越境して建物を建築することを認める必要はありません。

所有権が侵害されているときは、その侵害の排除を請求することができますので、建物建完成後であっても越境部分の撤去を請求することができます。ただし、実際に建物が完成した場合、越境の程度が僅かであるときは、撤去請求が権利の濫用とされることがあります。また、放置すると取得時効により越境部分の土地の所有権を失うこともあります。したがって、建物の完成前に阻止するのが望ましいといえます。

しかし、建築中に中止を請求しても、相手が聞き入れてくれなければ、建物が完成してしまう可能性があります。その場合の具体的な手続きとしては、裁判所に建築禁止の仮処分の申立てをして、隣人に対して越境建築を中止するように命令を出してもらうことになります。

Question 11

隣人が境界に争いのある部分に建物の建築工事を行っています。法的にはどのような対抗手段があるのでしょうか。

Answer 建築禁止の仮処分が下された後、基礎部分の収去請求の訴訟や境界確定訴訟の提起をすることが考えられます。

本ケースでは、工事が完成すると解決が困難になりますから、工事を中断させるために、まず建築禁止の仮処分命令の申立てをすることが考えられます。これによって、裁判所による聴取などを経て、工事中断が促されたり、和解になったりすることもあります。和解にならなくても、相談者の言い分に理由があれば、建築禁止の仮処分命令が下されます。この後、土地の所有権に基づく妨害排除請求として、建築途中の基礎部分などの収去を請求する訴訟を提起することや、境界確定訴訟を提起することが考えられます。

建築工事を止めることが大切なのは、工事が進むほど収去が困難になるからです。土地の所有権に基づく妨害排除請求には、請求時期の制限がありませんが、収去費用の面などから和解しにくくなります。また、隣人による建物の越境建築が確定しても、越境の態様や程度、収去の経済的負担と越境による損害の大きさなどによっては、収去請求が権利の濫用とされることもあります。さらに、完成後の建物を放置すれば、取得時効の成立によって土地所有権を失うこともあります。話し合いとあわせて、まずは工事を止めるようにしましょう。

Question 12

自己所有地に建物の建築工事を予定していますが、所有地が狭いため隣の土地に足場を作らせてもらう必要があります。隣の土地を使用することは可能でしょうか。

Answer 法律上は境界や境界付近で建物の建築等のために必要な限度で隣地を使用できます。

民法は、土地所有者に対して、隣地使用権（境界や境界付近で建物その他の工作物の築造・収去・修繕などをするために必要な限度で隣地を使用させてもらう権利のこと）を認めています。そのため、土地の所有者は、隣地使用権を根拠に、隣地の所有者などに対して、隣地の使用を請求することが可能です。この場合、隣地の所有者などは、その請求が必要な限度を超えない限り承諾する義務があります。承諾を求める相手は、隣地の所有者の他、隣地の賃借人などの正当な使用者でもかまいません。

また、建物その他の工作物（塀や排水溝など）の築造など以外にも、境界標の調査、境界に関する測量、枝の切取りのために必要がある場合も、隣地の使用を請求できます。なお、隣地使用権を行使した際に隣地の所有者などに損害を与えた場合は、その損害を補償する必要があります。

本ケースのように、隣地を使用して建築を行う人が隣人所有の土地を使用するには、境界または境界の近くで建物や塀などの築造あるいは修繕をするために隣地に立ち入る必要があることと、隣人の承諾を受けることが必要です。隣人に隣地使用の許可を受けることができれば、それ以後、建物の建築などのために、問題なく隣地を使用することができます。

しかし、隣人が隣地使用の申し出を聞き入れない場合は、承諾が得られていない状態となるため、隣地に立ち入ることはできません。この場合、訴訟を提起して隣人の承諾に代わる判決を出してもらうことが必要です。もっとも、訴訟による手続きでは、判決が出されるまで相当の時間が必要になりますので、判決を待っていられない急を要する事情があるのであれば、訴訟の提起に先立って、仮処分命令の申請を裁判所に出すことで、必要に応じて、裁判所に土地の使用を仮に命じてもらうことになります。

その他、隣人のプライバシーを侵害しない場合であれば、建物に立ち入ることが認められる可能性があります。たとえば、高層ビル街のビルの外壁を修理するため、隣のビルの非常階段に立ち入ることが可能かどうかを問題とした裁判例では、非常階段への立入りであればプライバシーが侵害されることはないとして、非常階段への立入りは認められると判断しました。

しかし、この高層ビル街での事例は、あくまで例外的なものです。原則としては、隣家（隣地の住家）に立ち入るには、そこに住んでいる者の承諾を得る必要があります。

■ 隣地使用権が認められるケース

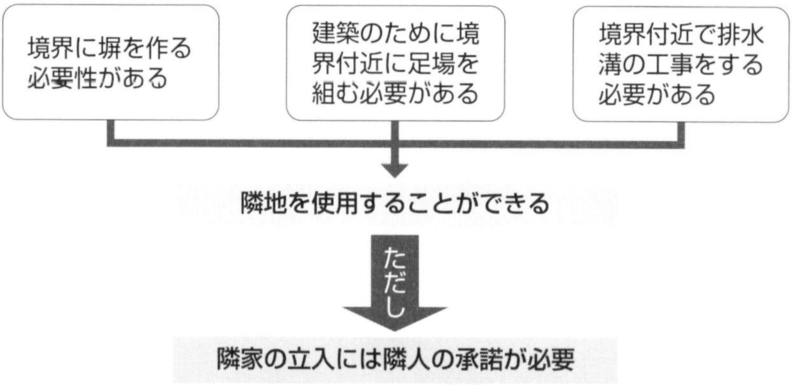

Question 13 建築確認とはどんな制度なのでしょうか。どんな建物でも建築確認が必要なのでしょうか。

Answer 建築物は、区域を問わず建築確認を受けなければ工事を開始できません。

建築確認とは、建築物（建物）が建築基準法や建物を建築する際のさまざまな規制を守っているかを事前にチェックする制度です。原則として、建築確認を受けた後でなければ工事を開始できません。建築確認が必要な建築物には、以下のものがあります。

①　一定の規模・用途の特殊建築物（一号建築物）

特殊建築物（学校、体育館、病院、劇場、集会場、百貨店などの用途に用いられる建物）中で、とくに耐火性が必要なものが建築基準法別表第一に定められており、その定められた用途に用いる床面積の合計が200㎡を超える場合に建築確認が必要です。

②　大規模な木造建築物（二号建築物）

木造建築物のうち、階数３以上の建物、延べ面積500㎡超の建物、高さ13ｍ超の建物、軒の高さ９ｍ超の物、のいずれかを建築する場合に建築確認が必要です。

③　木造以外の建築物（三号建築物）

木造以外の建築物のうち、階数２以上の建物、延べ面積200㎡超の建物、のいずれかを建築する場合に建築確認が必要です。

④　都市計画区域・準都市計画区域などにある建築物

すべての建築物を建築する場合に建築確認が必要です。

●建築確認に関する建築基準法改正（2025年４月施行予定）

②・③の規制が廃止され、その代わりに、構造によらず、階数２以上の建物、延べ面積200㎡超の建物、のいずれかに該当する場合に建築確認が必要となる予定です。

●建築確認は建築主事や指定確認検査機関が行う

建築確認は、建築主事や指定確認検査機関が行います。建築主事とは、建築確認事務などを担当する地方自治体の職員です。指定確認検査機関とは、国や都道府県の指定を受けて建築確認を行う民間団体です。都道府県は建築主事を置かなければなりません。建築確認の申請を行う際には、確認申請書と設計図書などを提出します。設計図書の内容としては、平面図、立面図などの図面の他、建築計画概要書などがあります。

■ 建築確認手続きの流れ

建築計画の作成	建築基準法などの法令に違反しないように建築計画を作成する
↓	
建築確認の申請	建築主事・指定確認検査機関に申請する（構造計算適合性判定の申請も行う）
↓	
建築確認	建築計画が建築基準法などの法令に適合するものかどうかを審査する
↓	
建築などの工事開始	確認済証の交付後に着工可能
↓	
中間検査申請	特定工程が含まれている場合、特定工程終了後４日以内に申請する
↓	
中間検査合格証の交付	中間検査合格証の交付後に後続工程の工事が可能
↓	
工事完了	予定していた建築物の完成
↓	
工事完了検査	工事完了後４日以内に申請
↓	
建築物の使用開始	原則として検査済証の交付後に使用可能

Question 14 家屋の再築を検討していますが、敷地が幅員１m程度の通路しか公道に接していないため、隣地の一部を通行する形での建築確認申請はできますか。

Answer 隣地所有者に対して囲繞地通行権を行使できるとしても、建築確認を申請できるとは限りません。

本ケースでは、自己所有の敷地が公道に接しているのは幅員１m弱の通路しかなく、建築基準法上の接道義務（公道に２m以上接していること）を満たさないため、このままでは建築確認を得るのは難しいです。そこで、自己所有の敷地が袋地であり隣地所有者に対して囲繞地通行権を行使できるから、民法上の囲繞地通行権の行使として幅員２m以上が確保された形での隣地の通行を請求できるとし、接道義務を満たそうとすることが考えられます。

しかし、最高裁判所の判例は、民法上の囲繞地通行権と建築基準法上の接道義務の各規定は、「その趣旨、目的等を異にしており、単に特定の土地が接道要件を満たさないとの一事をもって、同土地の所有者のために隣接する他の土地につき接道要件を満たすべき内容の囲繞地通行権が当然に認められると解することはできない」としています。この判例によれば、自己所有の敷地が袋地であり囲繞地通行権が認められるとしても、当然に幅員２m以上が確保された形での隣地の通行を請求できるわけではないことになります。

したがって、このような請求ができなければ、接道義務を満たさないので、建築確認申請は難しくなります。隣地所有者が２m以上の幅員を容認してくれるかを確認することが重要です。

15 Question 隣地に違法建築の疑いがある建物が建設される予定であることを知りました。違法建築を阻止する方法はあるのでしょうか。

Answer 工事差止請求訴訟の提起を前提に、工事差止の仮処分を裁判所に申請できます。

自分の所有する土地の隣地に新しい建物が建設される予定がある場合、どのような建物が建設されるのかは、非常に気になるところです。隣地の建設予定について、建設が始まる前に自ら調べてみる人も少なくはないでしょう。そして、隣地の建設予定を調査した結果、建築主や施工業者が違法建築の常習者であることが判明した場合、どのように対処すればよいのでしょうか。こうした悪質業者は、建築確認の申請段階では適法な工事で申請し、建築確認の後に違法建築を完成させ、早期に売り抜けてしまう可能性がありますので、早急な対処が必要です。

まず、工事差止めを請求する訴訟の提起を前提に、工事差止めの仮処分を裁判所に対して申請します。仮処分とは、本案判決を待っていたのでは回復しがたい権利侵害が生じるおそれがある場合、仮に侵害行為を差し止めるように裁判所が命ずることです。これによって、違法建築を暫定的にストップさせることができます。仮処分を申請できるのは、相手方の行為によって自らの権利を侵害されるおそれがある者です。隣地に住む人であれば、違法建築によって日照権や通風権などを侵害されることが予想されますから、仮処分を申請できるでしょう。

Question 16 隣地の購入者が、建ぺい率が建築基準法に違反する建物の新築を計画しているようです。役所に建築確認をしないように請求することはできるのでしょうか。

Answer 建築確認の差止めは困難ですが、役所に注意を促すことは可能です。

建物を新築する場合、建築主事または指定確認検査機関に申請して建築確認を受けなければ、工事を開始できないことが建築基準法に定められています。しかし、申請に対して法令に適合すると判断すれば、建築確認をしなければなりません。つまり、建築確認をするか否かについて、建築主事などの裁量は認められていません。また、隣人が違法建築を行う疑いがあるからといって、建築確認を差し止める法的権利はありません。したがって、建築確認の差止めを訴訟の提起によって請求することはできませんが、隣人の申請に対して建築確認をしていない場合に、建築確認を行わないように働きかける手段について見ていきましょう。

まず、相応の証拠を示して、役所に対して注意を促すことは可能です。役所に対する陳情・上申となりますが、それによって建築主事などが厳密に審査し、法令に適合しない部分が見つかれば、建築確認は出されないことになるでしょう。

また、役所から隣人に対して、任意に話し合いをもつように行政指導をしてもらうこともできます。その間は、建築確認がされなくても直ちに違法とはなりません。ただし、行政指導は相手方の任意を前提とするので、隣人が話し合いを拒絶すれば、手続きを進行しなければならない点に注意が必要です。

Question 17 他人の私道を含めて自宅の建築確認を受けたため、私道の所有者から建築確認の取消訴訟を提起されましたが、この訴えは認められるのでしょうか。

Answer 原則として私道の所有者による訴えは認められないと考えられます。

たとえば、自宅の新築のために建築確認を受ける場合、このままでは接道義務をクリアすることができないと考え、公道と所有地の間にあって、公道に接する他人の私道を含めて建築確認を申請し、それが認められたというケースで考えてみましょう。その後、私道の所有者が、勝手に私道を道路に加えるのは心外だとして、建築確認の取消訴訟を提起した場合、その訴えは認められるのでしょうか。

裁判例によると、原則として私道の所有者による訴えは認められないと考えられます。建築確認の審査は、提出された申請書面が建築基準法やその他の法令に適合することを確認するに過ぎず、建築主事などには、建築確認の申請者が、敷地の所有権や使用権を持っていることを確認する義務はないからです。申請書面に記載された敷地が接道義務を満たしていれば、その所有権や使用権の有無は問わないというわけです。

ただし、建築確認の申請前に、私道の所有者が、あなたに建築確認をしないよう申し立てていた場合は、あなたの敷地が接道義務を満たさないと判断され、私道の所有者による訴えが認められる可能性が高いことに注意を要します。

Question 18 隣人と土地を出し合い公道への通路を拡幅しましたが、隣人が自ら提供した部分の通路まではみ出して自宅を増築しました。何か法的主張は可能でしょうか。

Answer 損害賠償請求や自分が提供した部分の土地の通行拒否をすることが考えられます。

たとえば、以前から公道までの通路が狭くて不便なため、隣人とお互いに土地を提供し合って、公道への通路を拡幅する場合があります。本ケースは、この共同で作った土地まではみ出して、隣人が建物を建ててしまった場合です。

原則として所有者は自由に土地を使用することができます。ただし、所有権を制限する他の権利があれば制限を受けます。本ケースでは、通路拡幅のために自ら提供した土地に、隣人の所有権を制限するものがあるかどうかにかかってきます。

まず、お互いに土地を提供し合って通路を拡幅したことが、法的にはどのように評価されるかが問題になります。相談者と隣人は土地を提供し合うだけではなく、お互いにその通路を利用し合ってたといえますから、通行地役権が黙示的に設定されていたと考えられます。そのため、提供した土地を勝手に利用して増築したということは、通行地役権を一方的に破棄したといえるでしょう。

そこで、相談者は隣人に対して、損害賠償を請求したり、相談者の提供した部分の通行を拒否することが考えられます。

Question 19 隣家の工事作業員のミスで落下した建築資材により自宅が破損しました。誰に損害賠償請求を行えばよいのでしょうか。

Answer ミスをした作業員やその使用者に対してはもちろん、注文者に対して損害賠償を請求できる場合もあります。

建築資材を落とした作業員に対しては、民法の不法行為責任に基づく損害賠償を請求できます。また、作業員の使用者（建設会社）にも特別に免責する事情がない限り損害賠償責任が認められます。これを使用者責任といいます。使用者は事業遂行のために従業員を使って利益を得ている以上、従業員が他人に損害を与えた場合は、その賠償をすべきであるからです。

さらに、工事が請負業者（下請業者）によるものである場合は、そのような業者を選んだ注文者（元請業者）に対しても、損害賠償を請求できる場合があります。請負業者は独立した業者であるため、本来は請負業者が生じさせた損害について注文者が賠償責任を負うことはありませんが、とくに注文者の指図によって工事が行われていた場合には、注文者自身に過失があるといえます。

このように、損害賠償請求の相手として考えられるのは、資材を落とした作業員、作業員を雇っている使用者、工事をする請負業者を選んだ注文者などです。損害の内容としては、①損害箇所の修理に要する費用あるいはすでに修理した場合にかかった費用、②修理をする期間中転居しなければならなかった場合に生じた費用、③精神的ショックに対する慰謝料などがあります。

Question 20 建物の増改築を行う際に、どのような法律上の規制を受けるのでしょうか。

Answer 一定以上の増改築には建築確認が必要で、その他建築基準法の制限を受けます。

増築とは、新たに部屋を建て増す場合のように、既存の建物に新たな部分を付属させることです。改築とは、建物の一部を取り壊して、その部分を新たに造り直すことです。この増築と改築をあわせて増改築といいます。増改築は模様替えとは異なります。模様替えは、元の建物の形状を生かして内部を改装する工事ですが、増改築は、建物全体の構造が変更されます。さらに、増改築は修繕とも異なります。修繕は、既存の建物を維持するための工事ですが、増改築は、既存の建物に新たな部分が加えられます。

増改築に対しては建築基準法などによる規制があります。増改築を行うと、元々の建物とは異なる構造の建物が出来上がるため、当初の建物の完成時点では適法な建物であっても、増改築によって違法な建物となる可能性があります。

そこで、増改築を行うことで一号建築物・二号建築物・三号建築物になる場合（35～36ページ。36ページ記載の建築基準法改正予定に注意）の他、都市計画区域・準都市計画区域などにある建物の増改築については、建築確認が必要です。ただし、床面積の増加が10㎡以内の増改築は、原則として建築確認が不要です。

●建築基準法による道路斜線制限などの規制に注意する

建築物を増改築するときは、建築基準法などによる規制が適用されます。たとえば、平屋に２階部分を増築する場合は、建ぺい率や容積率の確認が必要です。２階部分に設置する屋根やひさしなども、自身の敷地を超えて隣地や道路に出ることは許されません。さらに、高さ制限もかかってきます。高さ制限は、構造種別、用途地域、道路による制限があります。平屋建ての自宅の場合は、住居系の用途地域であると予想されますが、その場合、とくに道路による制限に注意してください。

よく問題になるのは道路斜線制限です（174ページ）。前面道路の反対側境界線を起点として建物の方向に一定勾配の斜線を引き、建物の高さはその斜線の範囲（下）に納めなければならないという制限です。用途地域に応じて「一定勾配」は違いますが、住居系地域は1.25倍、商業系地域・工業系地域は1.5倍となります。そのため、２階部分の増築では、その屋根やひさしの高さは６m程度までに制限されます。たとえば、前面道路の幅員が４mの場合は、敷地いっぱいに増築はできません。ただし、既存建物が前面道路から後退している場合は、道路斜線制限の緩和措置があります。

その他、条例などでも高さや景観に制限を設けている場合があるので、関係機関や専門家に確認することをお勧めします。

■ 増改築に対する法律の規制

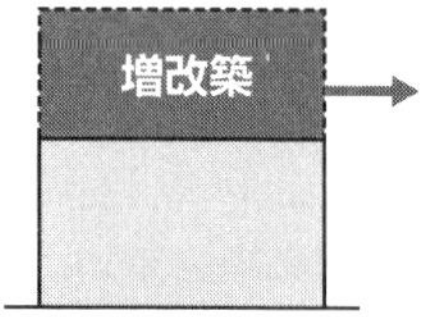

増改築による一号建築物・二号建築物・三号建築物になる場合
都市計画区域・準都市計画区域などにある建物の増改築
⇒（床面積の増加10㎡未満は原則不要）

【建築基準法による規制】

平屋に２階部分を増築 ⇒ 建ぺい率・容積率の確認が必要
２階の屋根・ひさし ⇒ 隣地・道路にはみ出すことはできない
高さ制限 ⇒ 道路斜線制限がとくに問題になる

Question 21 建築確認に不満がある場合には、どのような法的手段で争うことができますか。

Answer 建築確認は行政処分なので、不満がある場合は取消訴訟などで争うことになります。

建築確認は行政処分なので、その結果に不満があれば、行政事件訴訟のうち取消訴訟によって争います。ただ、取消訴訟の提起は、行政処分で自らの法律上の利益が侵害される場合に認められるため、申請者（建築主）は取消訴訟を提起できるのに対し、近隣住民は取消訴訟を提起できるとは限りません。

取消訴訟を提起できるか否かの判断は個別具体的に事例を検討して決定されますが、最高裁判所の判例は、近隣居住者の個人的利益も法律上の利益にあたるとしています。たとえば、建築計画通りの建物が建つと日照権が侵害される場合は、建築確認の取消訴訟の提起が認められる可能性があります。ただ、日照権は隣地所有者の権利とも相反し、常に認められるとは限らないため、相談者が負う侵害の程度を個別具体的に検討することが必要です。近隣住民が建築確認の取消しを求めたい場合、まず建築主と協議し、侵害の程度が大きければ取消訴訟の提起を検討することになるでしょう。

なお、取消訴訟よりも簡易な手続きとして不服申立て（審査請求）があります。市町村や都道府県の建築審査会に対し、建築確認が違法または不当であるか否かの判断を仰ぐことができます。

Q22 Question
新築した家で、夫婦ともにシックハウス症候群による体調不良で悩まされています。建築業者に損害賠償を請求できるでしょうか。

Answer
建築材料や換気設備に関して、建築業者が違反していた場合は損害賠償請求が可能です。

シックハウス症候群という言葉が使われるようになり、平成15年(2003年)施行の建築基準法改正などによって、シックハウス対策が強化されています。シックハウス症候群には、目の痛み、粘膜や皮膚の乾燥感、頭痛や呼吸困難、倦怠感といったさまざまな症状があります。建物の床・壁・天井などに使われている建材、家具や家庭用品などに使用されるホルムアルデヒドなどの有害な揮発性有機化合物、カビやダニなどによって室内の環境が汚染された結果、建物の中に居る人に起きる症状で、新築時や建替時に多く発生します。

建築基準法では、住宅の新築時やリフォーム時に使う建築材料に、有害物質であるクロルピリホスとホルムアルデヒドを使用することを禁止したり、大幅に制限しています。これらの物質は、けいれん、吐き気、目まい、アトピー、喘息、アレルギーなどを引き起こすためです。また、住宅に換気設備の設置も義務付けています。したがって、まず使用している建材の詳細と換気設備について調査し、建築業者が法令を守っているかを確かめましょう。違反していた場合には損害賠償を求めることになります。具体的には、まずホルムアルデヒドの濃度を計測し、病院で診断書をもらった上で建築業者に連絡し、納得できないときは弁護士などに相談することが有効です。

第2章

袋地・通行権をめぐる法律問題

Question 1

公道に通じる通路が狭い場合、囲繞地通行権を主張して他人の土地を通行することが認められるでしょうか。

Answer 通路が公道に通じないと判断されれば、囲繞地通行権を主張できる場合があります。

他人の土地を通らないと公道に出られない袋地の所有者には、袋地を囲んでいる他の土地（囲繞地）を通る権利があります（囲繞地通行権）。自分の土地が公道と接していても、接している面と公道との間に著しい高低差がある場合なども、囲繞地通行権が認められます。囲繞地通行権は土地同士の利用調整のためですから、土地の状況や利用目的なども含めた総合的な判断の結果、公道に出られるとしても囲繞地通行権が認められる場合はあります。

裁判においては、純粋な袋地でない場合、土地の客観的な利用状況なども考慮して囲繞地通行権を認めるかどうかの判断がなされるのが一般的です。たとえば、所有している土地で石材の産出を行っていて、公道に面している部分があるが、その幅員が狭く、石材の産出・運搬を行うのにとても不便で困っている場合、石材の産出には、客観的に考えて相当の道の幅員が確保されることが適切です。

また、自動車による通行を前提とする囲繞地通行権が認められるかについては、自動車による囲繞地の通行を認める必要性、周辺の土地の状況、自動車による通行を前提とする通行権が認められることにより囲繞地の所有者が被る不利益などの諸事情を総合考慮して判断されるとした最高裁判所の判例があります。

Question 2 土地の所有者ではない借地権者であっても、囲繞地通行権を主張することができるのでしょうか。

Answer 民法は地上権者に囲繞地通行権を認めており、賃借権にも認められる場合があります。

袋地に住んでいる人が土地を借りて建物を建てている場合、借地権にも囲繞地通行権が認められるかが問題になります。借地権といっても、①地上権、②賃借権の２種類があります。①の地上権であれば、民法267条により囲繞地通行権が認められているため問題はありません。しかし、②の賃借権には、そのような法律上の規定がありません。これは、賃借権が、所有権や地上権などの物権と異なり債権であるため、物権と同様の囲繞地通行権が直ちに認められないからです。最高裁判所の判例によると、対抗要件（第三者に権利を主張できる要件）を備えれば、賃借権も物権と同等の効力が認められるため、対抗要件があれば、賃借権にも囲繞地通行権が認められます。借地に建物を建てている場合、対抗要件は借地権の登記または借地上の建物の登記です。いずれかの登記を備えた借地権者には囲繞地通行権が認められます。

●借家権者にも囲繞地通行権が認められるか

借家人は、建物を借りているだけで、敷地について直接権利を持っているわけではないので、借家人が敷地の所有者と別個に囲繞地通行権を主張することはできません。ただ、借家人も、建物を使用する権利を持っているので、その権利を保全するため、賃貸人の持っている囲繞地通行権を代わりに行使して通行できます。

Question 3　不法占拠者にも囲繞地通行権が認められる場合があるのでしょうか。

Answer　不法占拠者は囲繞地通行権を主張することは許されないと考えられます。

囲繞地通行権を、所有者でもなく、正当な占有者でもない、不法占拠した人から主張できるかどうかという問題があります。

これについて、法律には直接の規定はありませんが、そもそも囲繞地通行権は袋地の利用権を保護しつつ、囲繞地との権利関係を調整するためのものです。所有地が公道に接していない袋地の場合に、その所有者を保護する目的で、袋地の所有者が他人の土地（囲繞地）を利用することが認められているのです。最高裁判所の判例では、不法占拠者かどうかではなく、単純な占有者の場合も囲繞地通行権が認められないとしたものがあります。

不法占拠者に対して囲繞地通行権を認める考え方もありますが、不法占拠者にまで袋地の利用権を保護する必要はないという考え方が有力です。不法占拠者は、土地を正当に利用する権利を持っていませんので、袋地の利用を保護する囲繞地通行権を認める必要がないと考えられます。

このように、囲繞地通行権の趣旨に照らし、単純な占有者でさえも囲繞地通行権が認められないことから、不法占拠者のような本ケースでは囲繞地通行権が認められないといえます。

4 Question 自宅が袋地の上に建っています。公道との出入りに使っている土地が通行し難くなってきたため、自分で通路を新たに作ることは可能でしょうか。

Answer 囲繞地への損害が最も少ない場所を選んで、通路を作ることができます。

たとえば、袋地に自宅が建っている人が、隣人の土地（囲繞地）の一部を通らせてもらって公道に出ているとします。隣人が庭などの管理ができなくなったようで、袋地の所有者がいつも公道との出入りに使っている土地に雑草が生い茂り、通行が難しくなっている場合が考えられます。そこで、袋地の所有者が、新たに自分で通りやすいように通路を作りたいと考えているのが本ケースです。

周りを他人の土地などに囲まれていて、公道に出るために他人の土地を通らなければ出られない土地を袋地といいます。袋地に住んでいる人が自分の土地から公道に出るために他人の土地を通行する権利が囲繞地通行権（袋地通行権）です。囲繞地とは、袋地から公道に出るまでに通行する他人の土地のことです。囲繞地通行権は民法で認められた権利です。囲繞地通行権を持つ人は、囲繞地を通ることができる他、通りやすいように整地などをすることができます。夜間の通行に備えて照明器具をつけることもできます。通路の開設にあたり囲繞地の所有者の承諾などは必要ないとされています。

ただし、通路として使う場所は、囲繞地にとって最も損害が少ない場所（迷惑のかからない場所）でなければなりません。

●囲繞地通行権が消滅することもある

袋地として存在する限り、囲繞地通行権は消滅しません。袋地と囲繞地の所有者間で合意によって囲繞地通行権を消滅させることもできません。しかし、たとえば、袋地の所有者が、隣接する公道に接した土地の所有権を取得した場合のように、袋地の状態が解消されたときは囲繞地通行権が認められなくなります。この場合、他人の土地を通行しなくても、購入した土地を通行することで公道に出ることができます（下図）。したがって、他人に通行の負担を強いる理由がなくなります。新たに購入した土地を通行すると公道に出るのに遠回りになるとしても同様です。

また、「袋地に接して公道ができた」「新たに別の通路が開設された」などの場合も、囲繞地通行権を維持する必要はないので消滅します。

■ 囲繞地通行権が消滅するケース

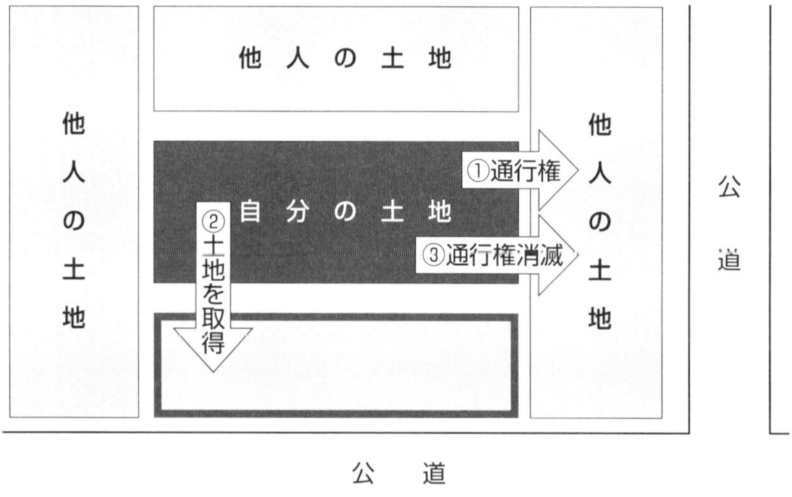

※自分の土地を使って公道に出ることができるので、囲繞地通行権は消滅する。

Question 5

袋地の居住者ですが、転職して車通勤の必要が生じました。自宅前の囲繞地に自動車が通行できる通路を開設することは可能でしょうか。

Answer 車による囲繞地の通行はケース・バイ・ケースであり、隣家との話し合いが必要です。

袋地の所有者が囲繞地を通行する場合、囲繞地のために最も損害の少ないものを選ばなければなりません。囲繞地の通行の場所や方法に関する規定はこの他になく、解釈の問題となります。裁判例でも、ケースによって異なる判断をしており、自動車による通行を認めたものもあれば、認めなかったものもあります。これらについては、近年の自動車を中心とする交通手段の変化で、自動車の通行を認める裁判例が増加しているとの指摘があります。

本ケースの場合、周辺の土地の状況、当事者の事情、自動車が不可欠の生活の足である土地柄であるかなど、諸般の事情の総合考慮によって決められます。したがって、常に自動車による囲繞地の通行が認められるとは限りません。

なお、どうしても自動車による通行が必要な場合は、当事者の話し合いにより自動車の通行を確保できる内容の通行地役権を設定するなどの方法で対処することができます。後のトラブルを避けるには、土地の購入前に隣地の所有者と話し合いの場を持ち、道路用の土地を借りられるようにするなどの準備をした上で、購入するかどうかの判断を行うことが効果的です。

Question 6 袋地に住んでいるので、隣人の土地の一部に作られた通路を通って公道に出ています。この通路がとても狭いため、少し通路を広げることは可能でしょうか。

Answer 囲繞地通行権が認められている袋地の所有者は、現在の通路が通路の役割を果たしていない場合には、通路を拡張することができます。

袋地に住んでいて、隣の土地（囲繞地）を通らないと公道に出ることができない人には、囲繞地を通行する権利が認められています。囲繞地通行権は、直接公道に出られない土地に住む人が、公道に出るために他の土地を通ることを法律上当然に認めたものです。すでに通路がある場合、通常は他の通路を作ることはできませんが、本ケースのように公道に出るのが不便な場合、新しい通路の設置や通路の拡大が認められる可能性もあります。

現在、利用している通路が、通路としての役割を果たしているとはいえないような状況である場合には、囲繞地である隣人の土地の別の場所を通行するか今の通路を広げることができます。ただ、隣人に不利益を与える内容ですから、通路の拡大や新しい通路の設置が認められるかどうかは、隣人の土地の状況によって左右されます。通路を広げるのに十分な空き地がある場合には、認められる可能性が高いといえます。

もっとも、土地が十分な広さを持っていない場合や、通路のすぐそばに隣人の家がある場合には、袋地の所有者が通路の拡張を請求することは難しいことが多いようです。

Question 7 土地の一部譲渡によって袋地ができた場合に、その土地の残部よりも公道に近い他人の土地を通行する権利は認められるでしょうか。

Answer 売主の残余地から公道に出られる以上は、他人の土地を通行する権利はありません。

たとえば、一筆の土地の一部を買い受けた結果、買主の土地が袋地となったものの、公道に出るためには、残りの隣接した売主の土地よりも他人の土地の方が近くて便利だというケースで考えてみましょう。この場合、他人の土地を通行する権利が認められるのでしょうか。

通常、袋地の所有者は、公道に出るために、他人の土地（囲繞地）を通行することが認められています。これを囲繞地通行権（袋地通行権）といいます。ただし、本ケースには、土地の一部を譲り渡したことで袋地が生じたという事情があります。売買契約の結果、買主の土地が袋地になっただけで、この売買契約に他人は全く関わっていません。

このように、土地の一部が譲り渡された結果、袋地が生じた場合には、袋地の所有者である買主は、囲繞地通行権としては、売主の下に残った土地（残余地）を通行する権利しか持てません。したがって、他人の土地が近くて便利だとしても、売主の残余地から公道に出られる以上、買主は残余地を通る通行権を持つのみです。もっとも、売買当時に袋地が生じることを売主が見越すことができるため、買主は残余地を無償で通行できます。

Question 8 袋地から公道に出るための通路を買い受けた第三者から通路使用の妨害を受けます。法的な対応は可能でしょうか。

Answer 仮処分手続きを行い裁判所に通行の妨害をしないよう第三者に命じてもらいましょう。

たとえば、自宅が公道に面しておらず、他人の土地を通行していたところ、その土地が第三者に売却され、その第三者が通路の使用を妨害しているとします。

袋地の所有者は、周囲の土地（囲繞地）を通行しなければ公道に出られませんから、民法によって周囲の土地を通行する権利が保障されています。これを囲繞地通行権といいます。なお、土地の一部譲渡によって袋地が生じた場合、袋地を取得した人は、譲渡人の土地だけを通行する権利が認められます。また、袋地を相続した人も囲繞地通行権を取得します。

本ケースのように、囲繞地通行権が認められている場合、囲繞地通行権は、囲繞地の所有者が交代しても消滅するものではありません。所有者が代わっても、新たな所有者に対しても、依然として囲繞地通行権を主張して、囲繞地を通路として使用することができます。そのため、通行を妨害している第三者は、囲繞地通行権を持っている袋地の所有者の所有権を侵害したことになります。話し合いでも合意に至らなければ、仮処分の手続きを行い、裁判所に通行の妨害をしないよう第三者に命じてもらうとよいでしょう。

Question 9 袋地の上に違反建築をしている隣人が囲繞地通行権を主張してきました。この主張は認められるのでしょうか。

Answer 袋地の上の建物が違反建築であっても、原則として囲繞地通行権自体は認められます。

たとえば、国道に接した所有地に隣接する土地を所有する人が、「自分の土地は袋地だから、あなたの土地を通行させてもらいたいので、その通路は２m以上の幅員を確保してほしい」と主張してきたケースで考えてみましょう。確かに、隣人の土地は袋地にあたり、所有地が隣人の土地との関係では囲繞地にあたるとします。しかし、袋地の上の建物は建築基準法に違反しており、隣人が主張する通りに所有地を通行させる必要はないのではないかという問題です。

この場合、第１に、囲繞地通行権自体の有無が問題となります。最高裁判所の判例によると、囲繞地通行権は建築基準法の要件に直接関係がないため、違反建築であっても囲繞地通行権自体は認められると考えられます。第２に、通路について２m以上の幅員（接道義務を満たす幅員）を確保しなければならないかが問題となります。囲繞地通行権と建築基準法は直接の関係がないとの立場からすると、必ずしも２m以上の幅員を確保しなければならないわけではないと考えられます。囲繞地通行権は、具体的な諸事情を考慮した上で、通行権者のために必要であり、かつ、囲繞地にとって損害がもっとも少ない範囲で認められるものにすぎないからです。

Question 10 袋地の購入の際に、売主から隣地の私道を通行できると聞いていました。実際には、隣地の所有者は承諾をしておらず通行を断られました。隣地の通行はできますか。

Answer 袋地の所有者には囲繞地通行権が認められますので、これを根拠に隣地の私道を通行できる可能性が高いといえます。

たとえば、隣地の幅員４m程度の私道が通行できるという前提で袋地を購入する際、隣地所有者が私道の通行を承諾していなかったとしましょう。

他人の土地（隣地）を通らないと公道に出られない袋地の所有者には、囲繞地通行権（袋地通行権）が認められ、囲繞地通行権に基づいて囲繞地の通行を求めることができます。隣地（囲繞地）の使用を制限することにもなるので、必要最小限となりますが、本ケースでは既存の私道があるので、その通行が認められる可能性が高いと考えられます。

また、売主の説明からは、隣地所有者と売主の間で、通行地役権の設定があったと見ることもできます。通行地役権の設定登記がなされている場合、要役地である袋地を譲り受けることで、相談者が通行地役権も承継することができます。

なお、売主から通行できるという説明があったにもかかわらず、実際には隣地所有者が通行を承諾しておらず、そのために袋地を自宅として使用する目的が達成できない場合、相談者は、袋地の売買契約を解除できます。

Question 11 袋地の通路開設のための費用を袋地の所有者が支払ってくれません。そこで、囲繞地通行権に基づく通路の使用を禁止できるでしょうか。

Answer 囲繞地通行権は、袋地所有者が通路開設の費用を支払っていなくても消滅するわけではありませんので、通路の使用を禁止することはできません。

たとえば、囲繞地の所有者が、袋地の所有者が毎年６万円を支払うという約定の下、公道までの通路を開設したとしましょう。

この場合、民法210条が規定する囲繞地通行権が問題の対象です。囲繞地通行権は、物理的につながっている土地相互の相隣関係を規律するため、袋地の所有者に対し、法律によっていわば強制的に囲繞地を通行する権利を認める趣旨です。そして、民法212条は囲繞地通行権についての「償金」の支払義務を規定しています。この「償金」には、①通行により生じた積極的損害をてん補するもの、②他人の所有地を通行することにより生じると観念できる損失をてん補するもの、の２つを含みます。①は一時払い、②は１年ごとに支払うことができます。本ケースでは②が問題です。

しかし、袋地の所有者が償金を支払わないとしても、囲繞地通行権は消滅せず、囲繞地の所有者の主張は認められないでしょう。したがって、費用の支払いとは関係なく、袋地の所有者には囲繞地通行権が保障されますので、通路の使用を禁止することはできません。

Question 12 通行可能な通路が危険であることを理由に、袋地の所有者が他の通路の使用を主張することは可能なのでしょうか。

Answer 現在の通行場所が不適当であるのが客観的に明らかな場合は通路の変更ができます。

たとえば、袋地の所有者が隣地（囲繞地）を囲繞地通行権に基づき通行していますが、この通路は、通行のために必要であり、かつ、隣地のために最も損害が少ないというケースで考えてみましょう。しかし、この通路が台風により地盤が緩くなったとします。この場合、当初の囲繞地通行権が認められている通路を、引き続き通行しなければならないのでしょうか。

囲繞地通行権は、当事者の意思によらず法律によって発生しますから、いつでも自由に変更が許されるわけではありません。しかし、現在の通路が極めて不適当となった場合に、全く通路の変更が認められないわけではありません。もっとも、通路の変更が認められるには、信義誠実の原則の観点から、やむを得ないと認められる客観的かつ合理的な事情の変化が存在しなければならないといえるでしょう。本ケースでは、このような事情の変化が認められると考えられますから、通行の場所を変更できると考えられます。

なお、本ケースとは異なりますが、隣地所有者が土地の用法に従って土地の利用方法を変更したときは、囲繞地通行権を持っている袋地の所有者は、より損害の少ない他の場所を通行すべきであるとした裁判例もあります。

Question 13

自己所有地の一部を通行している袋地所有者が、新たな通路として自己所有地の残部の使用を申し出てきました。通路を建設する必要があるのでしょうか。

Answer

原則として、通行できる通路は必要最小限でなければなりませんので、新たな通路を建設する必要はありません。

本ケースでは、自己所有地を通路として提供している囲繞地所有者は、原則として、袋地所有者による新たな通路建設の要求に応じる必要はないと考えられます。

確かに、袋地所有者は、囲繞地所有者に対して、袋地から公道に出るために囲繞地（袋地を囲んでいる他の土地）を通行することができる権利が認められています。これを囲繞地通行権（袋地通行権）といいます。したがって、現状で袋地所有者に公道に出る通路が確保されていないのであれば、囲繞地所有者は、袋地所有者が自己の所有地を通行することを認めなければなりません。

しかし、囲繞地通行権は、囲繞地の損害を必要最小限に抑える（囲繞地にとって損害が最も少ないものを選ぶ）ことによって認められる権利です。本ケースでは、袋地所有者が、すでに囲繞地を通行して公道に出ることができる状態です。したがって、袋地所有者のために、囲繞地所有者が新たな通路を建設する必要はありません。

Question 14 法律上、どのような場合に通行地役権を取得することができるのでしょうか。

Answer 通行する土地（承役地）の所有者との間で通行地役権の設定契約を結ぶ必要があります。

公道に面していない土地上の建物に住んでいる場合、公道に出るために隣地を通行しなければなりません。他人の土地を通行するための権利として囲繞地通行権もありますが、他人の土地を借りて通行することも考えられます。この場合、通行目的であれば、隣地の所有者から通行地役権を設定してもらうのが現実的です。

一定の目的に従って、自分の土地（要役地）の便益のために、他人の土地（承役地）を利用する権利を地役権といいます。ここで「一定の目的」については、自由に定めることができます。たとえば、他人の土地に湧く水を引く目的、地下にトンネルを設置する目的、空中に高圧線を架ける目的などがありますが、地役権のうち通行のために他人の土地を通行する権利を設定するのが通行地役権です。通行地役権を取得すると、要役地の所有者は、他人の土地（承役地）を通行上必要な部分について自由に通行できるようになります。

通行地役権を取得するには、承役地となる土地の所有者との間で通行地役権を設定する契約を結びます。なお、時効によって通行地役権を取得する場合もあります（66ページ）。その他、遺言、譲渡、相続による取得もあります。

そして、地役権でいう「便益」は、土地同士の権利関係において便利になって利益を受けるという意味です。便益を受ける側の土地のことを要役地といい、便益のために提供される土地のことを承役地といいます。通行地役権は当事者間の設定契約によって生じますから、権利内容は合意によって定められます。

●通行地役権の効力とは

通行地役権を取得すると、要役地の所有者は、承役地である他人の土地を通行できるようになるのに対し、承役地の所有者は、通行を妨げるような行為をすることが禁止されます。そして、承役地を通行できる範囲は、通行地役権の設定契約に基づき決まるため、囲繞地通行権と異なり損害を最小限に抑える程度にする必要はありません。

●通行地役権に通行料は必要か

通行地役権を設定する際に、通行料の支払いを要件とする必要はありません。無償での通行地役権の設定も可能ですし、通行料の支払いを要件とする通行地役権の設定も可能です。通行料の額は、承役地と要役地の所有者間の合意で決められます。その際の基準を民法は規定していません。承役地の固定資産税など、諸般の事情を考慮して決定されます。

■ 通行地役権 ……………………………………………………

通行地役権	通行のために他人の土地を通行できる権利の設定 ⇒設定契約・時効・相続などにより設定可能
効　力	他人の土地を通行できる ⇒通行の妨害に対しては、妨害排除請求・妨害予防請求が可能
通行料	支払いは要件ではない（無償も可能）

Question 15 要役地・承役地の所有者が変更になった場合、地役権はどのように扱われることになりますか。

Answer 地役権は設定登記を行うことで、承役地の新しい所有者などにも主張することができます。

地役権は、自己が所有する要役地の便宜のための権利です。要役地の所有権とは別個独立の権利ですが、要役地の所有権を前提として存在する権利であり、要役地に従属する権利ということができます。そこで、要役地の譲渡について、民法は、通行地役権だけを要役地から切り離して譲渡することはできないとしています（付従性）。また、要役地の所有権が移転すると、地役権も一緒に移転することになります（随伴性）。なお、「現在の要役地の所有者に限って地役権を認める」という特約を結んだ場合は、要役地が譲渡されても地役権は移転しません。

一方、承役地が譲渡された場合は、先に地役権の設定登記をしていれば、地役権者は、承役地の所有者が交代しても、新しく所有者となった人に対して地役権を主張できます。登記には承役地の所有者に協力してもらう必要がありますが、協力が得られないときは裁判所に訴えを提起します。

もっとも、最高裁判所の判例によると、地役権が設定されていることが物理的状況から客観的に明らかである場合は、地役権者は、設定登記がなくても、承役地の購入者に対して地役権を主張できる場合があります。地役権の設定登記は、承役地の不動産を管轄する法務局（登記所）に申請します。

Question 16 通行地役権を妨害する者が現れた場合に、妨害の排除や損害賠償を求めることは可能でしょうか。

Answer 通行地役権が妨害を受けた場合、妨害の排除や損害賠償を求めることができます。

通行地役権は、他人所有の私道を通行することができるとする権利ですから、地役権者の通行を妨害する者がいる場合は、その者に対して妨害排除を請求することができます。

また、妨害されることによって損害が生じていれば、損害賠償を請求することもできます。相手方が、任意に妨害を排除しない場合は、妨害の排除を求めて裁判所に訴えを提起し、判決を得て、強制執行（国の助力を得て強制的に権利を実現させる手続き）するのがよいでしょう。

ただし、緊急に妨害を排除したい場合は、仮処分（一定の処分を禁止したり仮の地位を定めたりする処分のこと）を申請する必要があります。妨害を排除するための費用は誰が負担するのかについては少し問題がありますが、妨害者の故意（わざと）・過失（不注意）によって妨害されている場合は、妨害者の負担とすることについて争いはありません。

なお、通行地役権は、所有権のようなその土地全体に対する権利ではありません。前述のように、通行地役権の妨害を受けた場合に、妨害排除請求を行うことは可能です。しかし、通行地役権の対象になっている土地が不法占拠されているような場合に、当該土地の返還請求を求めることはできません。

17 Question 通行地役権を時効により取得できる場合や、消滅する場合があるのでしょうか。

Answer 通行地役権は時効取得可能です。また、第三者が時効取得することで消滅します。

取得時効とは、長い間その土地等を使用し続けることで、土地等を使用している者が権利を取得する制度です。取得時効により、権利を取得することを「時効取得する」ということもあります。

取得時効が成立するためには、まず、通行が平穏かつ公然と自分のために行われることが必要です。次に、時効が完成する期間についてですが、通行し始めた時点で、通行者が自分に通行地役権があると信じ（善意）かつそれを信じることに落ち度がない（無過失）のであれば10年経過することが必要です。善意無過失でなかった場合は、20年経過しなければなりません。

以上の条件を満たすことを前提に、通行地役権を時効取得するには、権利の内容（土地を通行すること）が途切れることなく実現されていて、かつ外部から見てわかるように権利が表現されていることが必要です。地役権は土地同士の関係ですから、地役権者が通行している土地（承役地）に権利としての表現があるべきです。「権利としての表現」とは、具体的には、承役地に道路を開設する必要があることを意味し、地役権者が単に広い空き地を通行しているだけでは「権利としての表現」があったとはいえず、通行地役権を時効取得するには至らないのです。

道路として開設されたことが必要だと述べましたが、最高裁判所の判例によると、時効取得するためには、地役権者自身で道路を開設しなければなりません。時効取得の一般的な要件を満たしていたとしても、地役権者が道路を開設していなければ、裁判は、権利が認められない可能性が高いといえます。

●通行地役権が消滅する場合とは

通行地役権は、これを設定した土地（承役地）を使用しないでいると消滅することがあります。一方、第三者が承役地を時効取得したときも、通行地役権が消滅します。承役地を使用し続けていれば、第三者が承役地を時効取得することはありませんが、使用しなければ第三者が時効取得する可能性があります。また、第三者が承役地を時効取得しなくても、20年間地役権を行使しなければ、地役権は時効消滅します。さらに、地役権設定契約時に定めた消滅事由が生じた場合や、地役権の存続期間が満了した場合は、地役権が消滅します。地役権者が地代を支払わないなど、債務不履行が発生することで地役権設定契約が解除された場合も、地役権が消滅します。なお、特殊な事例ですが、土地が収用された場合にも地役権が消滅します。

■ 地役権の消滅

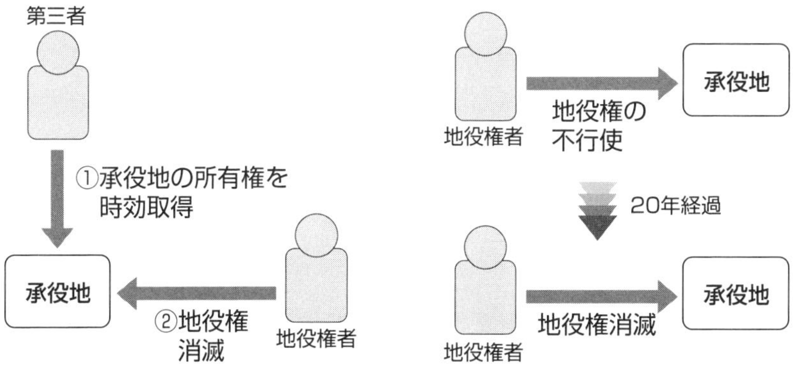

Question 18 通行地役権に基づき隣地を通行していましたが、通行地役権が未登記である場合、第三者に対して通行地役権を主張できるのでしょうか。

Answer 通路としての使用が客観的に明白であれば、登記がなくても通行地役権を第三者に対して主張できる場合があります。

たとえば、以前から隣地（承役地）に通行地役権の設定を受け、隣地にある通路を通行してきたというケースで考えてみましょう。ある日、隣地を譲り受けたと主張する第三者が、「通行地役権は登記をしていないから、あなたが通行地役権を私に対抗することはできない」と主張してきたとします。

地役権は物権の１つで、物権を第三者に対して主張するには登記が必要です。この「第三者」とは、登記の欠缺（登記がないこと）を主張するにつき正当な利益を有する者とされています。そして、自ら登記を備えていても、相手方の登記の欠缺《けんけつ》を主張することが信義誠実の原則に反する場合、その者は正当な利益を欠いて「第三者」にあたらないとされています。さらに、地役権の主張の可否が争われた最高裁判所の判例によれば、①地役権者による通路としての使用が客観的に明白で、②承役地の譲受人が地役権の存在を認識できた場合、その譲受人は正当な利益を欠いて「第三者」にあたらないとされています。

本ケースの第三者は、これら①②の要件を満たし、「第三者」にあたらないと判断されることが多いでしょう。その場合は、登記がなくても通行地役権を主張できます。

Question 19

公道に出るために使用する通路が含まれる土地を購入した第三者から、通行地役権の登記がないため、使用を控えるよう言われました。これに従うべきでしょうか。

Answer 登記がなくても、第三者に対して通行地役権を主張することができる場合があります。

たとえば、隣人から通路を含む土地を譲り受けた第三者が、あなたに対して、通行地役権の登記を行っていないことを根拠に、今まで使っていた通路を通らないでほしいと主張してきたとします。

通行地役権は、物権のひとつである地役権にあたりますので、その発生・消滅・変更を第三者に主張するためには、原則として登記が必要になります。もっとも、地役権は登記ができますが、登記簿に対価や存続期間などを表示することができず、登記によってなされる公示が十分ではありません。

このような実態を考慮し、最高裁判所の判例によると、通行地役権を設定することにより使用される土地（承役地）が、要役地の所有者によって継続的に通路として使用されていることが明らかで、かつ、譲受人がそのことを認識可能であったときは、譲受人が通行地役権の設定を知らなかったとしても、地役権設定登記が行われていないことを根拠に、通行地役権の存在を否定できません。

本ケースでも、問題とされている通路が、通路として継続的に使用され、かつ、承役地の譲受人である第三者がそのことを認識可能であれば、第三者に対して、登記がなくても通行地役権を主張することができます。

Question 20 7年間にわたり他人の土地を通行していたところ、突然「通るな」と言われました。今後も通行することはできないのでしょうか。

Answer 設定契約がない場合に通行地役権が成立するには、時効取得または黙示の設定が必要であるため、本ケースでは通行地役権は認められません。

他人の土地を通行する場合は、自分の土地が袋地でなければ、通行地役権を認めてもらうことが必要です。本ケースのように設定契約がない場合は、通行地役権の取得時効が成立しているかという点と、黙示による通行地役権の設定が成立しているかという点に注意する必要があります。

取得時効は、所有権等の財産権を一定期間経過すると取得できる制度です。地役権の場合は、地役権を自分のためにする意思をもって、平穏かつ公然と、一定期間にわたり継続行使すると、時効取得できます。「一定期間」は、自分に地役権があると信じ、そう信じることに過失がない場合は10年間、それ以外の場合は20年間です。本ケースでは、通行地役権の行使期間が7年ですから、時効取得はできません。

次に、黙示による通行地役権の設定の有無が問題になります。黙示の設定が認められるには、通行地役権の設定を認めなければ、客観的に見て不合理な結果となるという事情が必要です。

本ケースでは、少なくとも上記の事実から、そのような特別の事情を読み取ることはできませんので、黙示による通行地役権の設定があったと認めることは難しいと思われます。

Question 21 長年の間駐車場として他人の土地を利用し、所有者も土地に車を駐車していました。突然「土地の使用を禁止する」と所有者から言われましたが、今後も土地を使用できますか。

Answer 本ケースでは、黙示による地役権の設定が認められる可能性が高く、土地を利用し続けることができると思われます。

他人の土地を利用できる権利である地役権は、一般に地役権設定の契約により発生します。契約には意思表示が不可欠な要素となりますが、この意思表示は明示の場合だけでなく、黙示の場合でも認められることがあります。

明示の場合は問題になりにくいですが、黙示の場合は契約の成否の判断が困難です。この点について、黙示による通行地役権の設定が認められるには、①通行している事実、②所有者が通行を黙認していること、③所有者が通行地役権を認めなければならないような客観的で合理性のある特別の事情の存在、が必要であるとした裁判例があります。簡単に言うと、当事者の関係性から「これは通行地役権があるといってもよいだろう」と判断できれば、通行地役権の設定が認められるということです。そして、上記の①～③は、その他の地役権にも当てはまる要件になると考えられます。

本ケースの場合、①長年にわたる駐車および徒歩での通行の事実、②所有者の黙認（自分も駐車しているのに何も言わなかったので）が認められますので、駐車を認める必要があれば、上記の①～③の要件を満たし、黙示による地役権設定が認められると考えられます。

Question 22 遺産分割で得た袋地について、公道に出るために他人の土地を使用することはできるのでしょうか。

Answer 黙示の合意が認められる場合や、囲繞地通行権が認められる場合は通行できます。

たとえば、死亡した父が土地を所有していたというケースで考えてみましょう。この土地は、北・西・南側が公道と著しい高低差があり、東側だけ公道と平坦に接しているため、公道に出るには東側まで行く通路を利用する必要があるとします。遺産分割協議がなされ、父の所有していた土地の一部を相続し、相続した土地は西側半分で公道に面していなかったとします。この場合、公道に面している部分を持つ他の相続人に対し、通行地役権の主張は認められるのでしょうか。

まず、遺産分割協議において、通行地役権が設定されたか否かが問題となります。地役権に関する明示的な合意があれば問題ないのですが、それがない場合、黙示の合意の有無により判断します。黙示の合意を認定するには、通行の事実とその黙認に加えて、通行地の所有者が通行権を負担する法律上の義務を負担することについて客観的に見て合理性があると考えられる特別の事情が必要とされています。黙示の合意が認定されれば、通行地役権を主張できると考えられます。

また、本ケースは、東・西・南側に公道との著しい高低差があるという事情から、民法210条２項の囲繞地通行権を主張して、東側を通行することができると考えられます。

23 Question 私道を便利だからという理由で勝手に利用することは可能でしょうか。また、私道の通行権の根拠にはどんなものがありますか。

Answer 私道の利用には所有者と交渉し、通行の承諾を得ることが必要となるのが基本です。

私道は一般の人が所有する土地であるため、本来は所有者の承諾がなければ通行することはできません。私道を通行したい場合は、所有者と交渉し、通行の承諾を得ることが必要となるのが基本です。所有者の承諾を得ることなく勝手に私道を通行している場合、それは勝手に通行しているだけで、当然に通行する権利（通行権）が認められているとは限りません。通行権の根拠としては、主に以下のものがあります。

①　賃貸借・使用貸借などの契約による通行権

私道を通行することは、いわば他人の土地を利用することです。そこで、私道の通行を認めてもらうため、私道の所有者と賃貸借契約または使用貸借契約を締結する方法があります。通行の対価を支払う場合が賃貸借、対価を支払わない場合が使用貸借です。

②　慣習上の通行権

囲繞地通行権が認められるには、自分の土地が袋地であることや、囲繞地の損害の最も少ない場所・方法を取る必要性、損害分の償金を支払う必要性などの民法の定める要件があります。これらの要件を満たさない場合は、囲繞地通行権としての通行権は認められません。しかし、要件を満たさなくても、事実上他人の土地を継続的に通行するという「慣習上の通行権」が認められる場合があります。

③　通行の自由権

建築基準法の適用を受ける私道における通行権のことで、法律ではなく最高裁判所の判例で認められたものです。建築基準法により私道が道路位置の指定を受けると、私道所有者はその私道を道路（位置指定道路）として維持する義務を負います。その結果、一般の人の私道通行が認められます。通行者にとってその通行が日常生活上不可欠であることや、その通行が私道所有者に著しい損害を生じさせないことが、通行の自由権が認められるための重要な要素になります。

④　権利濫用の法理による事実上の通行権

権利がなければ他人所有の私道を通行できませんが、損害を与えるわけでもなく合理的な理由もないのに私道所有者が通行を拒否するのは権利の濫用といえます。この場合、私道所有者が通行の拒否ができない結果として、その私道を通行する権利が認められる場合があります。

■ 通行権の種類

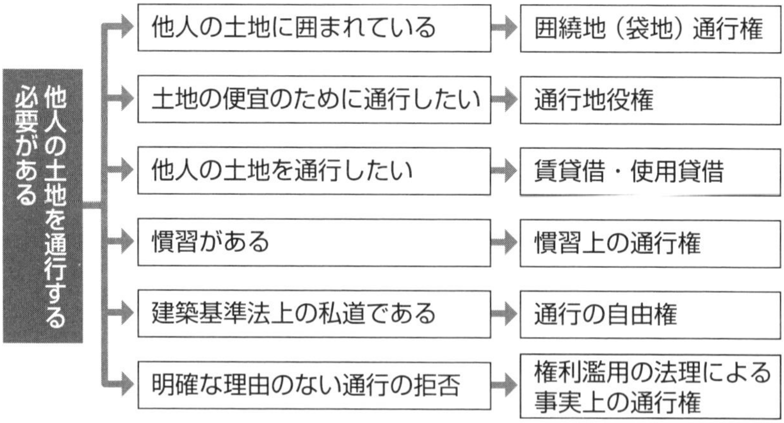

Question 24 これまで黙認してきた隣人による自宅の私道の通行について、これを禁止するために塀や金網を設置することは可能でしょうか。

Answer 塀や金網を設置して通行を禁止することに法的な問題はないでしょう。

たとえば、これまで自宅の通路の使用を許してきた隣人が、自宅の日照を侵害する建物を建てたため、隣人に通路を通行させたくないと考えるに至ったというケースで考えてみましょう。隣人の土地は袋地ではなく、玄関から公道に出られるとします。

相談の趣旨から、相談者の敷地の通路は、相談者専用のものと見受けられます。隣人の通行を黙認していただけであれば、通行について隣人との間で契約を結んでおらず、しかも玄関から公道に出られることから、隣人は、相談者の土地の通行に関する法律上の権利を持っていないと考えられます。これを前提にすれば、相談者の所有する土地内に通常の塀や金網を設置するのは問題ないでしょう。

隣人は、権利の濫用、既得権の侵害などを理由に、私道の通行権を主張してくるかもしれません。しかし、隣人は玄関から公道に出ることができることや、相談者の土地であることを知って通行していたことなどから、これらの主張は認められないと考えられます。また、隣人の土地は袋地でないことから、囲繞地通行権の主張も認められません。さらに、隣人は自ら通路を開設していないので、通行地役権の時効取得の主張も認められないでしょう。

Q25 Question　前の所有者と合意して無償で通行していた土地に新たな所有者が塀を設けた場合、その撤去や通行権を主張することは可能でしょうか。

Answer　通行地役権の登記がない限り、通行を妨げる塀の撤去を要求することや、通行権を主張することは難しいと思われます。

たとえば、本ケースにおいて、旧所有者との間で通路を無償で通行させてもらえるという内容の契約を結び、覚書も交わしていたとしましょう。相談者と旧所有者との間では、おそらく通行地役権設定契約が結ばれていたと考えられます。無償なので賃貸借契約を締結していたと考えることができません。

この場合、新所有者に対して通行地役権を主張するには、原則として、新所有者が土地（承役地）について所有権移転登記を経由するよりも前に、通行地役権設定登記をしていたことが必要です。通行地役権設定登記がなければ、新所有者に通行地役権を主張できない結果、塀の排除も請求できないことになります。

ただし、通行地役権の設定により、承役地が要役地所有者によって継続的に通路として使用されていることが明らかで、かつ、新所有者がそれを認識可能であった、という要件を満たすときは、新所有者が通行地役権の設定を知らなかったとしても、地役権設定登記が行われていないことを根拠に、通行地役権の存在を否定できないとする最高裁判所の判例があります。あなたがこの要件に当てはまれば、新所有者に対して通行地役権を主張することができますので、塀の撤去を求めることができます。

Question 26
袋地の地主から暗黙のうちに許されていた公道までの私道の通行を、ある日突然禁止されました。以後、地主所有の私道の通行はできないのでしょうか。

Answer 地主との間で結んでいる土地賃貸借契約を根拠にして、当然に私道の通行権が発生しますので、地主から禁止されても私道を通行することができます。

たとえば、これまで地主が開設した私道の通行が許可されていた借地人と地主との間で、建物所有を目的とする土地の賃貸借契約を結んでおり、借地人は当該私道を通行しなければ公道に出られない、という事情があったとしましょう。

自分の土地が他人の土地に囲まれていて、公道に出るのに他人の土地を通らなければならない場合は囲繞地通行権が認められます。しかし、本ケースはこれにあてはまりません。相談者が賃借している借地も、隣接する公道に出るための土地も、すべて同じ地主の土地であり「他人の土地」で囲まれていないからです。したがって、囲繞地通行権の主張はできません。しかし、本ケースのように、建物所有目的の土地の賃貸借契約を結んでいる場合は、とくに契約の中に通路について取り決めが明示されていなくても、当然に通路の通行権が発生すると考えられます。

本ケースでは、土地賃貸借契約で私道の通行権について明示されていなくても、地主に対して、私道を通行する権利を主張することができます。そのため、地主が通行を禁止しても、この私道を通行し続けることができます。

Question 27 これまで借地であった土地を購入した場合、それまで公道に出るために用いていた通路の通行権はどのように扱われるのでしょうか。

Answer 売買契約の中に通行権を盛り込むか、囲繞地通行権を主張して通行することが可能です。

たとえば、20数年前より地主の土地の奥を借りて自宅を建てて住んでおり、自宅部分の土地を地主から購入したというケースで考えてみましょう。自宅部分の土地は、地主の土地を通行しなければ公道に出られないとします。

この場合、土地の購入者は、自宅用地としていた土地の借地契約に従属して、地主の土地にある通路を通って公道に出る権利をもっていたと考えられます。自宅用地の購入で借地契約が終了すると、それに従属していた通行権がどのようになるのかが問題になります。借地の売買契約で通路部分も含めて契約されていれば、それに従うことになりますから、売買契約の際に売主との間で通行権についても確認し、契約内容に盛り込むことが望まれます。この方法で通行権を確保できる見込みは高いと思われますが、そうでない場合は新しい通行権を考える必要があります。

たとえば、地主の間で通行地役権を設定することが考えられます。また、購入者の土地が袋地となり、公道に出るために地主の土地を通るのが最も損害が少ないのであれば、囲繞地通行権の主張が認められることも考えられます。これらの方法を採ることで、土地購入後も以前と変わらずに通路を通行することができます。

Question 28 袋地から公道へ出るのに用いている隣地で増築工事が行われると通路の幅員が狭くなると言われました。どの程度まで受忍すべきでしょうか。

Answer 契約に幅員の記載を設けるか、囲繞地通行権の行使でも人が通る幅員を確保できます。

本ケースでは、自宅が隣人の土地（囲繞地）に囲まれ、公道へ出るには隣人の土地を通らなければなりません。そこで、隣人が増築工事のため通路を狭くすると言ってきた場合、どの程度までこれを認めなければならないのかというのが問題点です。

相談者が通路として使用していた権限が、通行地役権や賃貸借などの契約による場合は、幅員の記載があればそれに従い、記載がなければ契約の目的などから解釈して協議します。契約によらない場合も、時効が成立して通行地役権を取得していることが考えられます。このときは、通路としての利用の実態を考慮して幅員が決定されますが、通行の目的を達するのに必要最小限の方法に限られるでしょう。

さらに、あなたの土地が袋地であることから、契約や時効がなくても当然発生する囲繞地通行権も考えられます。民法では、通行権者（相談者）に必要で、かつ、囲繞地（隣地所有者）の損害が最小限度になるように求めています。したがって、人が通行できる幅員は認められますが、自動車通行などの目的で、それ以上の幅員が認められるかどうかは問題となります。この場合、相談者の必要性だけでなく、利用状況や目的、社会経済的な必要性や、双方の利害の得失、合意や地域慣行の有無なども含めて判断されます。

Q29 Question 地主所有の敷地の通行が認められていましたが、自分だけが差別されて通行を妨害されるようになりました。法的主張により通行可能となるのでしょうか。

Answer 借地契約に基づき、借地人には正当な通行権をもっていますので、それを妨害する塀の除去などを求めることができます。

たとえば、借地人（借地権者）の長男が地主のライバル企業に就職したため、借地人の自宅に隣接する部分に塀を設けるなどして、通路の通行を妨害されたとしましょう。これはやむを得ないことなのでしょうか。

本ケースは、借地人が自宅所有目的で地主の土地を賃借していることから、地主と借地人の間の借地契約に従属して、借地人が地主の通路を通行する権利をもっていたと考えられます。また、借地契約とあわせて、通路の通行についても黙示の契約があったとも考えられます。黙示の契約とは、当事者の行動や態度、周囲の状況などから、合意があったと判断される契約のことです。

本ケースは、黙示の契約などがあると考えられるのに、それを一方的に破棄できるのかという問題としてとらえることができます。

地主が他の借地人には通路の通行を許していることから、借地人だけを差別しているといえます。また、この差別には正当な理由があるとは言えず、許されるものではありません。したがって、生活の不便や不利益を与えることだけを目的とする妨害であり、権利の濫用と判断されると考えられます。

第3章

道路・私道をめぐる法律問題

Question 1 法律上は、どのようなものが道路にあたるのでしょうか。

Answer 法律上の道路には、行政が設置する公道と私人が一般通行に利用する私道があります。

一般に「道路」という言葉はよく耳にしますが、法律の世界における道路、つまり法律上の道路は複数の意味を持ちます。広い意味での道路とは、一般的に交通のために提供される土地を指します。提供されるのは土地だけでなく、高架化された高速道路や一般国道などのような施設の場合もあります。そして、この広い意味の道路には、行政（国や地方自治体）が一般公衆の通行に利用させるために設置した公道と、私人（個人）が一般通行に利用する私道の両方を含むとされています。

道路についてはさまざまな法律の規制があります。まず、道路に関する法律関係の基本となる道路法があります。道路法による道路には、高速自動車国道・一般国道・都道府県道・市町村道があります。次に、個別の法律の規制として、道路運送法による自動車道、森林法による林道、鉱業法による鉱業用道路、都市計画法による街路、土地改良法による農業用道路などがあります。

また、道路は高い公共性を持ちます。とくに道路法における道路は、道路を構成する敷地、支壁その他の物件について、所有権の移転や抵当権の設定・移転を除いた私権を行使できないとする規定を設けています（道路法４条）。

Question 2 建築基準法上の道路には、どのようなものが含まれますか。

Answer 幅員４m以上の国道、県道、市町村道など、さまざまな道路が規定されています。

建築基準法上の道路に含まれるのは、以下の①～⑥のどれかにあたる道路です。

① 建築基準法上の道路の原則となるのが、幅員４m以上の道路法による道路です（42条１項１号）。幅員４m以上の国道、県道、市町村道が該当します。

② 幅員４m以上の都市計画法、土地区画整理法などによる道路が含まれます（42条１項２号）。開発許可や許認可などを受けて造られた道路が該当します。

③ 基準時（85ページ）において現に存在する幅員４m以上の道路が含まれます（42条１項３号）。「基準時」は地域により異なるため、各地方自治体の窓口で確認をとるべきです。

④ 道路法、都市計画法、土地区画整理法などによる事業計画のある幅員４m以上の道路で、２年以内に事業執行予定のものとして特定行政庁が指定したものが含まれます（42条１項４号）。

⑤ 幅員４m以上の道路で、特定行政庁による位置の指定を受けたものが含まれます（位置指定道路、42条１項５号）。

⑥ 基準時においてすでに建築物が立ち並んでいる幅員1.8m以上４m未満の道で、特定行政庁が指定したものが含まれます（みなし道路、42条２項）。

Question 3

建築基準法上の接道義務とはどのような規制でしょうか。

Answer 建築物の敷地が、建築基準法上の道路に2m以上接していることを義務付ける規制です。

私たちは日々道路を利用して生活を営んでいますが、道路の周りに目を配ると、住宅やマンションなどの敷地が道路に面していることがわかります。これは接道義務を課しているためです。

接道義務とは、建築物の敷地が、建築基準法上の道路（前ページ参照）に２m以上接していなければならないとする規制のことです（建築基準法43条１項）。住宅やマンションなどを建築するときは、その敷地が接道義務に違反しないことを事前に確認しなければなりません。接道義務に違反する場合は建築確認が得られず、建築物を建築できなくなるからです。

ただし、建築物の敷地が接道義務を満たさなくても、特定行政庁が交通上・安全上・防火上・衛生上支障がないと認めて許可することで、接道義務の適用が除外される場合があります（建築基準法43条２項）。また、接道義務は都市計画区域・準都市計画区域内にある敷地に課されるのが原則ですが、これらの区域に該当しなくても、地方自治体の条例で接道義務が課せられている場合があります。特定行政庁による許可の詳細な基準や接道義務の有無については、各地方自治体の窓口で確認するのが大切です。

Question 4 建築基準法上のみなし道路とは、どのようなものを指しますか。

Answer 本来は道路と認められない道幅の狭い道を、便宜上道路とみなしたものを指します。

みなし道路（２項道路）とは、基準時（都市計画区域・準都市計画区域の指定・変更や、地方自治体による条例の制定・改正により、建築基準法の集団規定が適用されるに至った時点）において、すでに建築物が立ち並んでいる幅員1.8m以上４ｍ未満の道で、特定行政庁が指定したものです（建築基準法42条２項）。本来は道路と認められない道幅の狭い道を、便宜上道路であるとみなすことにしたものです。建築基準法上の道路は、幅員４ｍ以上のものに限られます。しかし、基準時に幅員４ｍ未満の道にしか接していない住宅が多く建てられていました。こうした建築物が違法建築物とならないように、幅員４ｍ未満の道であっても、その道を建築基準法上の道路とみなすことにしたのです。

みなし道路にあたる場合は、道路中心線から左右２ｍずつセットバック（後退）した線が道路境界線とみなされます。そして、セットバックした部分（後退部分）には、新たに建築物を築造することができなくなります。たとえば、建物に接する道がみなし道路に指定されたとします。この場合、すでに建築物や塀などが後退部分に建っていれば、それを取り壊す必要はありません。しかし、建築物や塀などが地震や火災などで滅失した後は、後退部分に再築できなくなります。さらに、容積率や建蔽率を計算する上で、後退部分は敷地面積に算入されません。

なお、「建築物が立ち並んでいる」の意味については解釈運用上の争いがあり、道に接して建築物が２個以上あればよいとして緩やかに解する見解と、建築物が寄り集まって市街の一画を形成するなど機能的な重要性を必要とする見解があります。地域により運用が異なることがある他、セットバックは紛争の原因になりがちです。不動産に面している道路がみなし道路かどうか事前に各地方自治体の窓口で調査しましょう。

このように、みなし道路の指定は、建築物が建っている敷地の利用を大きく制約し、最終的には道路として利用されるため、住宅などの購入を検討するときには、その敷地に面している道路がみなし道路かどうかについて、事前に地方自治体の窓口で調査することが必要不可欠です。一方、購入後に住宅などに面する道がみなし道路に指定される場合もあります。この指定に不服があれば、行政不服審査の手続きをすることや、裁判所に訴えを提起して争うことが考えられます。

■ ２項道路の境界線

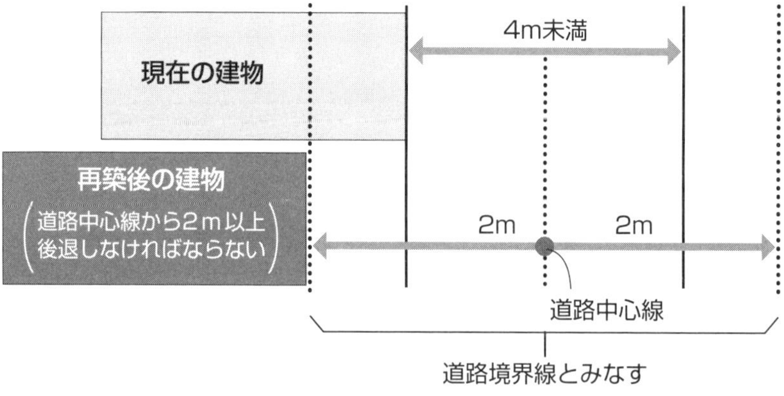

Question 5 私道を作るときにはどのような点に注意する必要があるのでしょうか。

Answer 分筆による場合は道路位置指定を受ける手続きや接道義務の遵守などが必要です。

私道を作るときは、①敷地の一部を通路として提供し合い、分筆しない方法と、②私道部分を敷地部分から独立させて分筆する方法があります。①の分筆しない方法をとると敷地の権利関係が不安定な状態になるため、②の分筆する方法がよいでしょう。

②の分筆する方法をとる場合は、私道部分をさらに分筆してそれぞれを単独所有にする方法と、私道部分を共有する方法があります。このうち単独所有の方法をとると、単独所有となった私道を勝手に利用する者が出てきた場合、その者に対して、単独所有をしていない側（私道の所有権を持っていない側）が対抗手段をとることができなくなる可能性があります。私道を作るときは、私道部分を分筆した上で、全員の共有にするとよいでしょう。

分筆した私道部分は、道路位置指定を受けておくと、後に当事者の中の誰かが気が変わって私道を廃止しようとしても、全員の承諾が必要になります。また、私道を作る上で、建築確認を受けるためには接道義務（84ページ）を守る必要があります。分筆による場合も、道路位置指定（次ページ）を受けるために接道義務に違反しないようにしましょう。

Question 6 私道について道路位置指定を受けるには、どのような点に注意が必要でしょうか。

Answer 原則として道の両端が他の道路に接しており、軟弱な構造でないことなどが必要です。

災害時の避難や活動に備えるため、都市計画区域に建物を建てるには、原則として、敷地が建築基準法上の道路に２ｍ以上接する義務があります（接道義務）。

もっとも、土地を造成して分譲するときなど、建物の前に道がなかったところに、単に道（私道）を造っただけでは、建築基準法上の道路とはいえません。完成した道について位置指定を受ける必要があります。具体的には、特定行政庁が行う道路位置指定という行政処分を受けて、建築基準上の道路のひとつである位置指定道路に接しているものと扱われるようにする必要があるのです。このように、それまで道がなかったところに道を造って、建築基準法上の道路に指定してもらうことを道路位置指定、道路位置指定を受けた道路のことを位置指定道路といいます。

道路位置指定を受けるには、細かく設定された要件を満たす必要があります。たとえば、道の両端が他の道路に接して行き止まりでないこと（通り抜け道路）を必要とするのが原則です。ただし、行き止まりの道路（袋路状道路）の場合は、道の幅員６ｍ以上（幅員６ｍ未満の場合は長さ35ｍ以下）といった要件を満たすことが要求されています。その他、公道との交差部（角地）に隅切りがあること、側溝などの施設を設けること、砂利敷などの軟弱な構造でないこと、勾配が基準以下であることなどの技術的な基準に適合することも必要です。

位置指定の申請は、私道がある地域の特定行政庁に対して、私道を造る者が行います（私道の所有者であることを必要としません）。いつでも申請できますが、道路位置指定を受けられないこともあるので、事前に申請した方がよいでしょう。申請書には図面類の他に、道路になる土地の権利者の承諾書が必要です。道路位置指定を受けると権利が制限されることになるからです。

なお、位置指定道路ではなく、みなし道路（85ページ）に指定される場合は、関係者が申請するわけではなく、特定行政庁から一方的に指定されます。

●道路位置指定を受けるための段取りは

道路位置指定の申請は、道を造ろうとする人が、その道が所在する特定行政庁の窓口に行います。申請は道の築造後でも構いませんが、位置指定道路としての基準を満たさない道を完成させてしまうと、そのままでは道路位置指定が受けられないので、事前に申請を行うことが望まれます。申請する際には、申請書に見取図、地積図、土地などの権利者の同意書を添付します。

このように申請をした結果、基準を満たすとして道路位置指定を受けた場合は、その道（私道）が前述した接道要件を満たす建築基準法上の道路とみなされ、一般人の通行に利用されます。それだけ公益性の高いものになりますから、位置指定道路における建築が制限されるなど、私道であるとしても、その利用が制限されます。また、位置指定道路の廃止や変更をするときは、最初の道路位置指定と同様、特定行政庁に申請して、廃止や変更の指定を受けることが必要です。位置指定道路は勝手に廃止や変更を行えないことになります。

Question 7 位置指定道路については自由に通行することができるのでしょうか。

Answer 通行が日常生活上不可欠といえる場合、通行の自由が認められることがあります。

公道に接していない土地に建物を建てる場合に、道路として提供された個人が所有する特定行政庁の指定を受けた土地を位置指定道路といいます。位置指定道路に敷地が２m以上接することで、その敷地に建物を建築できます。位置指定道路は、道路としての指定を受けている以上、その通行についても一般の道路に準じるため、位置指定道路は一般人の通行にも提供されます。

もっとも、位置指定道路は、通行する人々に通行する権利を与えたわけではなく、道路の役割を果たした結果、通行の自由が認められるにすぎません。つまり、通行者は通行する利益を受けることはできますが、通行する権利を持っているわけではありません。しかし、位置指定道路の通行について日常生活上不可欠の利益を持っている者がいる場合は、その者の通行の利益を上回る著しい損害が生じるなどの特段の事情がない限り、位置指定道路の所有者は、その者に対して通行制限を請求できない（通行を受忍する義務を負う）とした最高裁判所の判例があります。

したがって、位置指定道路の通行が日常生活をする上で必要不可欠といえる場合には、通行の自由を主張して、通行が認められるようにすることを検討することになるでしょう。

Question 8 道路位置指定にはどのような法的効力が認められるのでしょうか。

Answer 位置指定道路は自由に廃止できず、建物が自由に建てられないなどの制限を受けます。

対象の道路が建築基準法の要件を満たし、位置指定道路となった場合は、道路の所有者であっても、その道路の上に自由に建物を建てることができなくなります。道路位置指定を受けている場合は、道路位置指定という行政処分を受ける一方で、一般人の通行を認める義務も公法上負っているからです。

また、位置指定道路については、その所有者であっても、自由にその道路を廃止することはできません。位置指定道路は、接道義務を満たして建物の建築を可能にするために申請されたものなので、道路の所有者が自由に位置指定道路を廃止すると、建物が接道義務に違反してしまいます。そこで、位置指定道路は、その所有者であっても自由に廃止できないことにしています。

しかし、道路位置指定を受けたことで問題が生じることもあります。たとえば、位置指定道路を含む一帯に新たな建物を建てようとする場合は、位置指定道路があるために自由な建物の建築ができないことになります。また、新しく公道ができたため、それまでの位置指定道路が利用されなくなった場合は、位置指定道路を道路として残しておく必要性が低くなります。さらに、周辺環境の変化により、これまでの位置指定道路ではなく、別の敷地の部分を位置指定道路としたいとする要請が出てくることも考えられます。

このような事情が発生する可能性があることから、各地方自治体の条例には、位置指定道路の廃止や変更についての手続きが規定されています。通常は、特定行政庁がいる地方自治体の窓口に申請書や添付書類を提出し、特定行政庁から廃止・変更の指定を得ることで、位置指定道路の廃止や変更が可能です。

●変更・廃止の際には通行権者の同意が必要

位置指定道路である私道の変更・廃止をする場合に、その私道について通行権（賃貸借契約に基づく通行権や通行地役権など）を持つ者（通行権者）がいると、一方的な私道の変更・廃止はできません。この場合、私道の変更・廃止について通行権者の同意が必要です。通行権者は、私道の通行を妨害されれば、その妨害を排除するよう私道の所有者に請求することができます。

なお、通行している人が通行権者ではなく一般人の場合、一般人は通行の利益を受けているにすぎないため、同意がなくても私道の変更・廃止ができるのが原則です。ただし、一方的に変更・廃止をするのではなく何らかの配慮をした方がよいでしょう。

■ 道路位置指定の効力

道路位置指定

- 自由に道路の変更・廃止をすることができない
- 道路の上に自由に建物を建てることができない

↓

例外　各地方自治体の条例により、必要な場合の道路の廃止・変更の手続きが規定されている

9 Question 道路位置指定を受けた区域の塀を撤去することは可能でしょうか。

Answer 一般的には塀の撤去は可能ですが、道路として用いられていない場合は困難です。

たとえば、自宅の敷地は、細い私道を通らないと公道に出られないケースで考えてみましょう。このような形状の敷地では、接道要件を満たさず、自宅の建替えの際に建築確認がおりないと地方自治体の担当者に言われました。しかし、その細い私道に沿った塀のある区域が、以前に道路位置指定を受けており、この塀が撤去されれば、自宅の敷地が接道要件を満たすことがわかりました。この場合、塀の撤去を求めることができるのでしょうか。

道路位置指定を受けた私道は、一般公衆にも通行の自由が認められます。ですから、相談のように、道路位置指定を受けた土地の上に塀を設けた場合には、一般人であっても通行の自由が妨害されたことになるので、その撤去を求めることができます。

しかし、道路位置指定によって土地の所有者の権利を制限することは、一般公衆の通行の利益の確保や、付近の防災などの観点からの要請です。日常生活上不可欠な通行であるからこそ、公益性も大きいと評価され、所有者の権利が制限されるのです。

したがって、上記のケースのように、道路位置指定を受けていても、実際に道路として使われたことがない場合は、日常生活上不可欠とはいえず、自宅の敷地の所有者は、塀の撤去を求めることができないと考えられます。

Question 10 隣接する敷地の一部を共同で提供し合って道路位置指定を受けた後、隣人が境界上にブロック塀を設置してしまった場合、その除去を求めることはできますか。

Answer 通行や防災面で支障があるため、隣人にブロック塀の取り除きを請求できます。

たとえば、双方が隣接する敷地を提供し合うことで、道路位置指定を受けた私道が幅員４m以上を確保していたのですが、その後に隣接地の所有者が境界上にブロック塀を設置してしまった場合、幅員が４m未満となり、通行に支障がある他、火災が発生したときの不安もあるということで、隣接地の所有者に対して、ブロック塀を取り除くように請求できるか、というのが本ケースの問題点であると考えられます。

道路位置指定は、私道を建築基準法上の道路に指定し、その道路（位置指定道路）に接する敷地に建物を建築する場合は接道義務を満たすとするものです。さらに、道路位置指定を受けることによって、道路に接する敷地の所有者の他、一般公衆も日常生活で必要な通行の利益を受けることになります。

道路位置指定を受けた道路について、道路の所有者が、本ケースで問題とされているブロック塀の他、バリケードやポールなどの障害物を設置した結果、従来可能だった自動車などの通行が不可能になってしまいます。自動車の通行に関する最高裁判所の判例には、敷地所有者が被る不利益と、通行者の通行によって得られる利益の大きさを比較して、敷地所有者が著しい損害を受けるような特段の事情がない限り、妨害の予防・排除の請求ができるとしたものがあります。つまり、そこを自動車で通行することが日常生活の中で必要不可欠な場合は、通行の自由に基づき妨害の予防・排除の請求ができますが、道路の維持管理の必要から妨害の予防・排除の請求ができない余地もあるということです。

●本ケースでの排除請求

問題のブロック塀は、相談者やそこを通行する一般公衆の通行の利益を妨害しています。したがって、通行の妨害により相談者の日常生活上不可欠の利益が侵害されている（たとえば、以前から通行していた自動車が、ブロック塀の設置により通行できなくなったなど）ときに、敷地所有者（隣接地の所有者）が通行を受忍することで著しい損害を受けるような特段の事情のない限り、相談者は、敷地所有者に対して、妨害の排除の請求としてブロック塀の除去を請求できると考えられます。

なお、道路位置指定を受けた私道にブロック塀や建物などの障害物を設置することは建築基準法違反なので、すでに塀が完成している場合は、特定行政庁が違反者に対し、猶予期間を与えて障害物を取り除く、他の場所に移す、作り直す、といった措置をとるように命じることができます。まだ塀が完成していない場合は、特定行政庁から緊急停止命令を出してもらうことができます。

■ 敷地の境界上のブロック塀の扱い ………………………

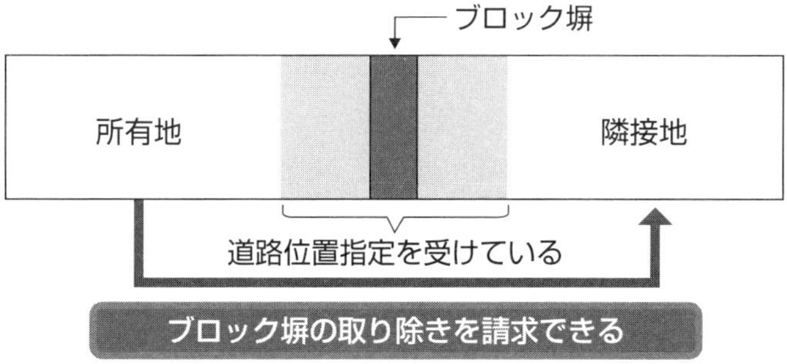

Question 11 道路位置指定を受けた土地の所有者から当該土地の通行を制限されました。道路位置指定を受けた土地の通行制限は許されるのでしょうか。

Answer 他に通行可能な土地の有無を確認し、所有者との交渉を経て訴訟を提起することが考えられます。

たとえば、幅員1.8mしかない場所を通らなければ公道に出られない場合で、A所有の土地の一部を自動車の通路として使用していたところ、Aの土地は道路位置指定を受けているのですが、Aから「通路を使用しないように」と言われたときに、どのような対応が可能かという問題です。

自動車で公道に出るため、工事をしてAの土地を通らずに済むのであれば、まずはAの通路を使わないようにするのがよいでしょう。しかし、自動車で公道に出るため、Aの通路を使用せざるを得ないような場合は、まずAと話し合い、自動車を通してくれるようにお願いすべきです。それでも解決されなければ、通行妨害の排除を求めて訴訟を提起することになります。訴訟ではAの通路が道路位置指定を受けていることを理由に、自分に通行の利益があること、そして、Aの通路を使用することが日常生活上必要不可欠であることを主張します。

なお、幅員1.8mの通路すらなく、相談者の土地が完全な袋地である場合は、相談者に民法上の囲繞地通行権（隣地通行権）が認められるため、Aとの間で通路の使用につき争いになっても、Aの通路を自動車で通行することが認められやすいといえます。

Question 12 分譲地内の住人が共同で土地を提供して作った私道に、住人の一人が垣根を作ってしまいました。当該住人に対し、他の住人は何らかの請求ができないのでしょうか。

Answer 道路位置指定の有無にかかわらず、垣根の撤去を求めることができます。

本ケースの私道が道路位置指定を受けている場合、土地を提供した住人だけでなく、公道に準じて周囲の人も私道を通行する利益があります。また、特定行政庁は、私道に隣接しているすべての土地所有者の同意がなければ、道路位置指定の廃止の手続きを認めないのが一般的です。したがって、相談者を含めた土地を共同で提供した住人全員が同意しているのでなければ、道路位置指定は廃止されないため、特定行政庁に対して通行の妨害をやめさせるよう求めるとよいでしょう。しかし、特定行政庁が動いてくれない場合は、裁判所に対して通行妨害の禁止や垣根の撤去を請求する訴訟を提起することが考えられます。

一方、道路位置指定がなくても、垣根を作った住民の一人は、私道を共有している事情を把握しており、同じく共有者である他の住民による私道の通行を認めていたと評価できます。通路として認めていたからには、通行を妨害する行為は許されません。

したがって、他の住民は、私道の所有権（共有も所有権のひとつです）に基づく妨害排除請求権（所有権に対する妨害を取り除くことを請求する権利のこと）を行使し、住人の一人に対して垣根の撤去を請求できると考えられます。

Question 13 借地人だけの通行を想定して作った私道について、無関係な人による通行を制限することは可能でしょうか。

Answer 無関係な人の通行を止めることは可能ですが、位置指定道路の場合はバリケードなどの設置を控えるべきです。

たとえば、借地人だけが通行するための私道の上を、無関係な人が長時間車を駐車したり通り抜けたりするなどしていたため、私道にバリケードなどを設置することはできるのでしょうか。

道路交通法によると、みだりに道路に物を置き、交通を妨害することは禁止されています。バリケードを作ることが道路交通法の規定に触れるかどうかは、私道が道路交通法上の道路にあたるかどうかによります。道路交通法上の道路は「一般交通の用に供する場所」と定義されています。

質問の私道は、借地人だけが公道に出るための通路ですから、借地人以外の者が通行していたとしても、一般交通の用に供する場所とはいえず、道路交通法上の道路にあたりません。したがって、相談の私道内に借地人の通行を妨害しない形でバリケードなどを設置するのであれば、原則として可能といえるでしょう。

ただし、相談の私道が位置指定道路である場合は、特段の事情がない限り、その通行について日常生活上不可欠の利益を持つ人の通行を妨害できないため、バリケードなどの設置を控えるべきでしょう。この場合にバリケードなどを設置することは、刑法が規定する往来妨害罪（刑法124条）にあたる可能性があります。

Question 14 他人所有の私道を自動車で通行することについて制限を受ける場合はあるのでしょうか。

Answer 囲繞地通行権に基づく場合は自動車の通行が可能ですが、人の通行を想定している通行地役権が根拠であれば自動車の通行は制限を受けます。

たとえば、自己所有の家屋が、他人所有の私道を通行しなければ公道に出ることができないというケースで考えてみましょう。

まず、通行する根拠が囲繞地通行権（隣地通行権）による場合です。囲繞地通行権とは、すべての面が他人の土地に囲まれている場合、囲まれた他人の土地を通行することを可能にする権利です。この場合、車が通行できるほどの幅員があれば、とくに車の通行に問題はなく、車の通行が認められるでしょう。

たとえば、その土地が私道で、建築基準法上の道路位置指定を受けている場合は、道路の幅員が４m以上あるはずです。この場合は、車の通行も原則として認められると考えられます。これに対し、通行している土地が狭く、幅員を拡張しなければ車の通行ができなければ、原則として車の通行は認められないでしょう。

次に、通行地役権を根拠として私道を通行している場合、契約内容として将来的な車の通行を予定していれば、車の通行が認められることになるでしょう。しかし、そうでない場合が多いと考えられ、車の通行が認められるには、車の通行について私道の所有者と改めて合意し、契約内容を変更することが必要です。

Q15 Question マンション内の共有スペースとしての私道を、無関係な自動車等が通行するのを制限したいのですが、可能でしょうか。

Answer 通行を許可した第三者を除き、関係者以外の通行を禁止することは原則可能です。

道路交通法上の道路は「一般交通の用に供する場所」と定義されています。つまり、不特定多数の者が自由に通行できる状態である場合には、たとえ私道であっても道路交通法上の道路に該当します。しかし、マンションの共有スペースとしての私道は、不特定多数の者による通行を予定していないのが通常です。

したがって、質問の私道は道路交通法上の道路にはあたりませんので、通行を承諾していない人による自動車の通行を禁止・制限することは、原則的には問題ありません。たとえば、自動車の通行時間帯を制限することも可能ですし、私道の自由通行は歩行者・自転車だけとし、マンション住民以外の第三者による自動車の通行は一切禁止することも可能です。

ただし、相談の私道が位置指定道路である場合には、特段の事情がない限り、その通行について日常生活上不可欠の利益を持つ第三者の通行を妨害できません。

もっとも、通行権のあるマンション住民や住民宅への訪問者の通行を認めながら、それ以外の者を通行禁止にすることは、監視などの具体的な手段を講じない限りは難しいといえます。たとえば、管理用の設備などを設けるといった工夫が必要です。

Question 16 自己所有の私道を不法占拠された場合には、どのような法的措置をとることができるのでしょうか。

Answer 不法占拠者に対しては、妨害排除請求や損害賠償請求を行うことができます。

私道は、所有者といっても自由に利用することはできず、囲繞地通行権や通行地役権によって通行権を持つ人が通行することを受忍しなければなりません。建築基準法上の位置指定道路であることによる建築制限などを受忍すべき場合もあります。

しかし、その私道が不法占拠されて通行が妨害された場合、それを取り除くために妨害排除請求をすることや、その不法占拠のために生じた損害の賠償請求ができないのでしょうか。

道路は、公共性の高いものである上、袋地の所有者と近隣の土地所有者との権利の調整を図るために、その使用に制限があるのは所有者も受忍しなければなりません。しかし、不法占拠や通行妨害をする者との間では調整の理由もなく、妨害排除請求や損害賠償請求ができると考えられます。

このうち損害賠償請求については、損害額がどの程度なのかが問題となりますが、最終的には個々のケースによります。たとえば、私道が不法占拠されたときは、私道の賃料相当額が損害額と認定されるでしょう。また、通行権が侵害されると日常生活などで肉体的にも精神的にも苦痛を受けたとして、慰謝料請求をすることも考えられます。

17 Question 一般の使用を黙認してきた私道を閉鎖する上で、何か法的な問題が生じることがあるのでしょうか。

Answer 囲繞地通行権や通行地役権などの設定がなければ、原則として自由に廃止できます。

たとえば、自宅兼店舗でプロパンガス店を営んでおり、プロパンの搬出のために敷地のほぼ中央に幅員４m程度の私道をもっているというケースで考えてみましょう。ガス配給元の都合で、別に倉庫を借りることになり、近所の人も近道で使用している私道を廃止することは許されるのでしょうか。

囲繞地通行権や通行地役権などの設定がなく、建築基準法による道路位置指定などを受けていなければ、所有者の好意で通行する人がいても、原則として自由に変更したり廃止することができます。もっとも、私道を廃止することで他人を困らせることだけを目的にしている場合などは権利の濫用にあたります。濫用かどうかは個別に判断されますが、廃止に正当な目的があり、その目的の達成に必要なものは、濫用にあたらないと考えられています。

相談の事例にこの考え方をあてはめてみましょう。

本ケースで私道を閉鎖しようとしている人は、別に倉庫を借りることになったので、私道が不要になったというのが廃止の理由です。他方で近所の人は、この私道がないと不便になるものの、近道にすぎず、日常生活に不可欠だとは考えられません。これらの事情から、相談の事例では、私道の廃止は、権利の濫用にはあたらないと考えられますので、認められると考えられます。

18 Question

自宅建築のために、記念樹を移動せずに私道を作りたいと考えています。この場合、何らかの法的規制を受けるのでしょうか。

Answer 記念樹を避けて私道を設置することは、原則として法的規制を受けないと考えられます。

たとえば、自宅建築の際に、敷地内に幅員４mの私道を作るというケースで考えてみましょう。その際、子どもの誕生記念に植えた桜の木（記念樹）を残したまま私道とすることが、建築基準法に違反するのでしょうか。

この点は、相談の私道が建築基準法の適用を受ける道路かどうかで結論が変わります。公道・私道の区別と関係なく、建築基準法の適用があるかどうかで、私道の範囲に建物を設置できるか、私道を自由に変更や廃止できるかが決まるからです。

相談の道路が建築基準法の適用を受けない私道の場合、権利の濫用にあたらなければ、とくに問題はないと考えられます。これに対し、建築基準法の適用を受ける道路の場合、私道の範囲に建物（建築物）その他の工作物などを設置することはできません。

本ケースの記念樹が建物その他の工作物にあたれば、記念樹を移動しないことは建築基準法違反となります。しかし、法律の定義上は、樹木は建物その他の工作物にあたらない、既存樹木とされています。したがって、相談者が心配している建築基準法違反にはあたりません。ただし、道路交通法等の他の法律や、地方自治体の条例に触れていないかは、確かめておきましょう。

Question 19 私道の所有者が私道に杭を打ったため、袋地に家がある私の公道への通行が妨害されました。杭の撤去や損害賠償の請求は可能でしょうか。

Answer 囲繞地通行権に基づく場合は杭の撤去や損害賠償の請求が可能です。

相談者は袋地に建てられた家に住んでいるため、公道へ出るには私道の所有者に対して囲繞地通行権（隣地通行権）を主張することが考えられます。ただ、囲繞地通行権が認められる土地が私道の所有者の土地なのか、別の人の土地なのかによって、相談者が杭の撤去などを請求できるかどうかが異なります。

まず、囲繞地通行権が私道の所有者の土地に対して認められる場合は、囲繞地通行権を直接の根拠として、私道に打たれた杭の撤去を請求できます。通行妨害によって損害が生じている場合は賠償請求も認められます。なお、相談者の住む家が袋地の借地権に基づく場合は、借地権の登記または借地上に建っている家の登記がなければ、囲繞地通行権を根拠とした請求ができません。

これに対し、囲繞地通行権が認められるのが別の人の土地である場合、相談者は、私道の所有者に対して囲繞地通行権の主張ができません。つまり、相談者が私道を通るのを見過ごしてくれていただけといえるため、杭の撤去などを請求できないのが原則です。ただし、杭を打つことが権利の濫用と認められれば、杭の撤去を請求できる可能性があります。

Question 20 公道へ出るために使用している他人所有の私道に自動車が駐車されて通行困難な場合があります。駐車を禁止することは可能でしょうか。

Answer 停止時間が長い場合などは、通行地役権を根拠に通行妨害排除請求を行うことができます。

たとえば、私道の所有者との間で、私道の通行地役権設定契約を結んでいるとします。駐車している自動車の状態は「停車」「駐車」「自動車の保管場所として使用している状態」に分けられ、どの状態かにより、駐車を禁止できるかどうかが異なります。

駐車とは、自動車が継続して停止している状態をいいます。運転者が停止した車から離れ、すぐに運転ができない状態も含まれます。停車は、駐車以外の状況で自動車などが停止している状態をいいます。たとえば、人の乗り降り、荷物などの積み下ろしのための５分以内の停止など、いつでも発進できる状態です。自動車の保管場所としての使用とは、車庫として土地を使うような場合を指します。

停車については、通行方法の一形態と捉えられるため、禁止することはできません。駐車については、停止している時間の長さによって異なります。停止時間が短い場合は停車と同じ結論になるのに対し、長い場合は通行の一形態といえなくなります。

このように停止時間が長い駐車の場合、保管場所としての使用の場合は、駐車場として利用していることになり許されません。通行地役権に基づき、その私道を通行する権利がありますから、通行妨害排除請求が可能です。

Question 21

近隣と協議して、土地を提供し合って共同で作った私道について、後の世代に渡りトラブルを防止したいと考えています。備えておくべき対応策はありますか。

Answer 契約書の作成、私道の共有化、通行地役権の設定等を行っておくとよいでしょう。

共同で私道を設置した後、時間の経過により事実関係が不明確になる可能性があります。私道関係のトラブルの防止には、私道の通行について契約書を作成しておくなど、事実関係を明確にするのが第一歩です。ただ、契約書の紛失や、売買で新規に住人となった人には契約の効力が及ばないという欠点があります。

次に、私道を共有にすることが考えられます。共有にすることで、お互いに持分に応じて私道を使用できる他、勝手に私道の変更・処分（廃止など）ができなくなります。ただし、共有であるとの登記をしないと第三者に主張できません。

さらに、通行地役権の設定が考えられます。自分の土地を要役地、私道を承役地とし、互いに通行地役権設定契約を結びます。

また、建築基準法に基づき、道路位置指定を受ける方法や、市区町村が条例で指定した区域内では建築協定を締結する方法が考えられます。これらにより、私道の廃止や変更が制限され、建築制限の面からも私道の確保を期待できる他、売買で新規に住人となった人にも効力が及ぶことも利点だといえます。

以上の方法が考えられますが、私道はトラブルが生じやすいので、市区町村への寄附といった方法により、公道に編入してもらうことも検討するとよいでしょう。

Question 22 所有地の借主のために設けた私道を許可なく通行する人が増えています。そこで、無許可で通行する人から通行料を徴収することは可能でしょうか。

Answer 私道開設から日が浅い場合には、原則として通行料を徴収することも許されます。

私道を通行する第三者に対して、恩恵的に通行することを黙認している状況で、第三者が通行し始めてから長期間が経過していた場合には、暗黙のうちに通行する権利のようなものを第三者に与えたものとみなされ、通行を阻止することが違法とされることがあります。通行されている状態を長年黙認していた場合、通行を承諾する黙示の意思が介在していたと評価されますし、永続した事実状態は尊重されるべきであると考えられます。この場合には、通行料を支払えという主張が権利の濫用と評価すべきで、通行人は通行料を支払う義務はないといえるでしょう。

一方、私道を通る第三者に対して、単に恩恵的に通行を阻止しなかった状況で、私道を開設してからまだ日数が経過していない場合には、通行料を設定し、料金を支払わない者の通行を認めないようにすることができると考えられます。私道は、特定の人による通行を可能とするために私有地を道路にしたものですから、他人を有料で通行させることもできますし、第三者を通行させる義務を負っているわけでもありません。

ただし、相談者は自分の土地を借りている者のために道路を設けているため、借地人は無料で通行できる権利を取得しており、借地人には一方的に通行料を要求することはできません。

Q 23 Question ある日突然、自宅と隣家の間の道を通行していると、隣人から私道の通行料を請求されました。通行料を支払う義務があるのでしょうか。

Answer 通行料の徴収は権利の濫用と評価できるため、支払う義務はないといえます。

たとえば、いつも自分の家と隣家の間にある道を通行していましたが、隣家の住人から「この道は私の所有だから通行料を支払え」と言われたというケースで考えてみましょう。この道は、事実上一般人による通行が行われている、いわゆる私道であったものが、現在では、地目変更登記により公衆用道路になったものである、という前提で説明をしていきます。

公衆用道路であっても、その所有者が私人の場合があります。自分の土地を使われる立場にある所有者の主張も理解できないわけではありません。しかし、道路は、私たちの生活に必要不可欠なインフラですので、所有権も一定程度制限を受けます。

また、問題となっている公衆用道路が広く一般人の交通に利用されていれば、その公共性ゆえに固定資産税が免除されることがあります。その場合に所有者が通行料まで請求できるとなれば、所有者が過度に利益を得てしまいます。さらに、問題となる道について通行されることを長年にわたり黙認していたと思われますので、そこには黙示の意思が介在しており、このような永続した事実状態は尊重されるべきです。したがって、通行料の徴収は権利の濫用と評価すべきあると考えられます。

第4章

境界や塀をめぐる法律問題

1 Question 土地の境界にはどのようなものがありますか。また、界標設置権とはどのようなものなのでしょうか。

Answer 土地と土地との境目を境界といい、境界標を設置する権利が界標設置権です。

境界とは、土地と土地との境目であり、２つの意味を持っています。一つは、一筆の土地と一筆の土地の境目のことです。つまり、地番の境目（地番と地番の境界）のことです。たとえば、「○○町１丁目１番の土地」と「○○町１丁目２番の土地」との境目はどこかということです。この境界のことを公法上の境界といいます。公法上の境界は、国が決めるべき事柄で、境界が問題となっている土地の所有者間で決定できるものではありません。

もう一つは、私法上の境界と呼ばれるものです。これは、隣接地の所有権との境目を意味します。隣接する土地の所有者間が取り決めることにより、私法上の境界が決定されます。

通常は、公法上の境界と私法上の境界は一致しています。しかし、他人の土地の一部について、時効によりその所有権を取得した場合のように、公法上の境界と私法上の境界が一致していないこともあります。境界の紛争というと、所有権の範囲を争う「私法上の境界」を問題にする場合が多いようです。しかし、境界を確定する場合の境界は「公法上の境界」と考えてください。公法上の境界の位置がはっきりした際には、それを確認する意味で筆界確認書（217ページ）を作成しておくのがよいでしょう。

また、土地の売買の際には、公法上の境界とは別に、お互いの土地の所有権の範囲などを明らかにするため、隣地所有者との間で境界の位置について境界合意書（215ページ）を作成し、署名押印の上、合意内容を明確化しておくとよいでしょう。

土地の所有者は、隣地所有者と協力し、境界標を設置することができます。これを界標設置権といいます。この場合、境界標を設置するための費用は隣地所有者と折半して負担します。また、境界標を設置した場合は、その維持費が必要になりますが、この維持費も隣地所有者と折半して負担します。なお、境界標を設置した場合でも、訴訟になった場合に、必ず境界標がある場所が境界であると裁判所が認定するとは限りません。

●境界を変更することはできるのか

私法上の境界は、土地の所有権の範囲により決められます。隣地所有者との合意があれば、私法上の境界を自由に移動させることができます。これに対し、公法上の境界は、土地所有者の合意だけで変更することはできません。公法上の境界を変更するためには、登記を分筆・合筆するという方法があります。なお、筆界特定制度（240ページ）により、公法上の境界を明らかにすることはできますが、この制度は既存の公法上の境界の位置を特定するに過ぎず、境界の位置を変更するわけではありません。

■ 土地の境界とは？

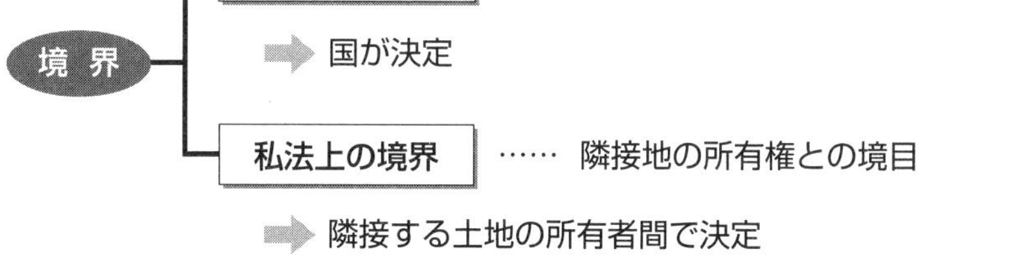

Question 2 購入した建物が隣地にはみ出ており、前の持ち主が隣地所有者と争っていたことがわかりました。争いを以前から知っていた不動産業者に損害賠償請求はできますか。

Answer 不動産業者には善管注意義務があるため、その違反を理由に損害賠償請求をすることが可能です。

不動産業者のような仲介業者は、依頼者から委任された内容に従って、その地位に基づき取引上要求される程度の注意をもって委任事務を処理する義務（善管注意義務）を負っています。善管注意義務を負う仲介業者の具体的な業務は、売主と買主の間に立ち売買契約を成立させることです。実際に間に立つからには、仲介業者には専門的知識と豊富な経験が求められます。また、依頼者としては、売買の対象物件や契約の相手方の状況など、不動産の売買に関わる内容について仲介業者の情報を信頼するのが通常で、仲介業者にはこの信頼に応える義務があります。

境界について争いがある事実は、不動産購入の判断に際して重要な情報です。仲介業者が契約の成否に影響するほど重要な事実を知っているのにもかかわらず、それを伝えなかったことは善管注意義務に違反します。裁判例でも、仲介業者には、売買の対象となる土地の境界を明示して、買主の損害の発生を未然に防止すべき義務があるとしたものがあります。

本ケースの場合、隣地との境界を仲介業者である不動産業者が明示していれば、相談者の損害は防げたはずですから、不動産業者に対する損害賠償請求が可能になります。

Question 3 境界に関する刑罰にはどのような種類があるのでしょうか。

Answer 境界に関する刑罰としては、境界損壊罪と不動産侵奪罪が規定されています。

境界に関する刑罰としては、刑法が規定する境界損壊罪と不動産侵奪罪があります。

・境界損壊罪

境界損壊罪とは、文字通り境界を損壊することで成立する罪のことをいいます。境界標はもちろんのこと、柱・杭・石垣・立木といった物が境界として利用されている場合には、それらを損壊したときも境界損壊罪が成立します。境界を損壊しなくても認識できないようにすることでも、境界損壊罪は成立します。

境界損壊罪を犯した者に対しては、５年以下の懲役もしくは50万円以下の罰金が科されます（刑法262条の２）。

・不動産侵奪罪

不動産侵奪罪とは、他人の不動産を侵奪した場合に成立する罪のことをいいます。不動産侵奪罪は、その土地の所有者などの土地に対する管理体制（占有）を排除して、強引にその土地を管理を開始することで成立します。たとえば、他人の土地に勝手に家を建てた場合や、隣地との境界を越えて建物を建築した場合に不動産侵奪罪が成立します。

不動産侵奪罪を犯した者に対しては、10年以下の懲役が科されます（刑法235条の２）。

Question 4 自宅の売却にあたり、買主から隣地所有者との境界合意書の取得を条件として提示されました。隣地所有者がハンコ代を要求してきた場合、支払義務はあるのでしょうか。

Answer ハンコ代を支払う方が円滑に売却手続きを進めることができますが、不当な金額であれば断わるべきです。

一筆の土地を売却したり、一筆の土地を分割して売却したりする場合には、隣地所有者との間で境界に関する紛争がないことを証明するため、買主から、隣地所有者と共同で「境界合意書」を作成し、提出することを要求されるケースがあります。

境界合意書は、境界に接する所有者全員が合意して作成します。そのため、境界合意書の作成が特定の所有者だけの利益となる場合には、「ハンコ代」と称して、金銭が支払われることがよく行われます。もっとも、ハンコ代の支払いについては、法律上の根拠はなく、慣習にもなってはいませんが、境界合意書の作成を円滑に行うためのものと考えてよいでしょう。

ハンコ代として支払うべき金額は、土地の規模・状況や、隣地所有者との関係などによって異なります。また、境界をめぐって紛争がある場合には、ハンコ代は和解金としての要素も含むことになります。しかし、一方の窮状に乗じて、不当に多額の金銭を要求することは公序良俗違反となり、無効とされる可能性が高いでしょう。したがって、不当な金額であると考える場合には、ハンコ代の支払いを断わるべきです。

Question 5 隣地との境界標を隣人が移動してしまったようです。法的に対応する方法はあるのでしょうか。

Answer 改めて境界を確定させるのと同時に、隣人が意図的に境界を移動させた場合は境界損壊罪での告訴も検討します。

本ケースの具体例としては、たとえば、山林を所有していて久しぶりに現地に行ったところ、境界標が見当たらず、ようやく発見した場所は、以前に境界標があった場所よりも自分の土地側に寄っていたという場合が考えられます。このような事態に遭遇した場合、どのように法的に対応したらよいのでしょうか。

境界は、土地を区分した「一筆」という単位を明確にする大事なものです。通常は、自然の地勢や、人工的な石標や杭などの設置によって境界を明確にしますが、境界標を外したり移動したりして境界を不明確にすることは、犯罪にあたる場合もあります。

本ケースの場合、まず隣地所有者と話し合い、境界を確認します。境界標がなくなっても、地図や地勢から推測できれば、合意に至る可能性が高いでしょう。このとき、境界標を復元すべきですが、その費用は、隣地所有者が外したり移動したりした場合は隣地所有者の負担で、そうでない場合は折半が原則です。

話し合いで合意に至らなければ、隣地所有者に対して境界確定訴訟もしくは境界標設置請求訴訟を提起します。同時に、隣地所有者が境界標を意図的に移動したことが明確であるときは、境界損壊罪（刑法262条の２）で告訴することも考えられます。

Question 6

隣地との間に境界標がないために新たに設置しようと考えています。境界標の設置費用は誰が負担するのでしょうか。

Answer 話し合いで別途定めない限り、共同の費用で境界標を設置することになります。

たとえば、後々争いが起きても困るため、新しく境界標を設置するというケースで考えてみましょう。境界標の設置について隣人が同意している場合、設置費用を隣人にも負担してもらうことは可能でしょうか。

民法によると、隣り合った土地の所有者は、共同の費用で境界標を設置できるとしています。したがって、境界標を設置する場合は、隣地の所有者と話し合って決めるようにします。

話し合いがまとまらない場合でも、決して勝手に設置してはいけません。土地家屋調査士などの専門家に相談する方法や、裁判手続に沿って行うなどの方法をとるようにします。境界標の素材や設置場所などで合意していないのに、一方的に設置して費用を請求しても認められない可能性が高く、この点は、すでにある境界標の保存費用についても同じです。

実際に境界標を設置することになった場合、その費用は折半とするのが原則ですが、境界標を設置するために土地の測量が必要であれば、お互いの土地の広さに応じた割合で測量代を負担します。本ケースでは、境界標の設置について隣人も同意しているため、負担割合に差異が生じる可能性はありますが、隣人にも一定の費用を負担してもらうことができると考えられます。

Question 7 境界の目印として設置される境界石とは、どのようなものを指すのでしょうか。

Answer 境界標の一種です。別の場所に移動していることもあるため注意が必要です。

境界石とは、境界の目印として設置される境界標の一種のことです。境界標は、石でできている境界石の他、コンクリート抗、鉄鋲、植木などでできているものもあります。

境界標は、隣り合った土地の所有者間で確認した上で設置する場合や、片方の当事者が勝手に設置する場合があり、役所などの公的な機関が設置するわけではありません。

また、境界標の設置場所の判断自体が間違っていることもありますし、場合によっては設置から長い期間が経ち、別の場所に移動していることもあります。ですから、境界標の存在は、実際の境界であることを保証しているとは限りません。

境界標が所有権の境界を示しているのであれば、一応は所有権の範囲が示されていることになります。ただ、所有権の境界の場合、隣地所有者間の合意で境界標の位置を変えられるので、お互いの合意の上で境界標を設置したとすると、合意した場所に境界が移っているとも考えられます。一方、地番の分かれる土地の間にも、境界の目印となる境界標が設置されることがあります。

地番の境界は公法上の境界なので、この場合の境界標は隣地所有者間などの合意で移動するものではありません。地番の境界でも所有権の境界でも境界石は絶対的なものではありません。

Question 8 境界標がなくなってしまったらどうするのでしょうか。

Answer 後々のトラブルを防ぐため、新しい境界標を設置しておくとよいでしょう。

たとえば、隣地所有者が変わったり、現地の状況が変わったりした場合、現状のまま境界標がないと、境界があいまいになることにつながり、トラブルが起こる可能性があります。

とくに法律上規定されているわけではありませんが、トラブルが生じないように、早期に新しい境界標を設置するとよいでしょう。境界標を設置する場合は、隣地所有者に協力を仰ぐ必要があります。隣地所有者との合意の上で設置しなければ、後々のトラブルのもとになるおそれがあるからです。なお、境界標の設置費用は折半ですが、境界標の設置のために土地の測量が必要であれば、お互いの土地の広さに応じた割合で測量代を負担します。

また、設置する境界標の材質は、角材などでは変質したり消失したりする可能性がありますから、簡単に腐敗・消失することのない石などの材質の境界標にするとよいでしょう。一般的には永続性のあるコンクリート杭や鉄鋲などが使用されています。

次に、境界標の設置方法ですが、境界標を地中に埋めて、上部を地上に出します。せっかく設置するのですから、簡単に動かないように、ある程度の長さの棒状のものを設置します。設置した境界標を見失うことのないように、設置したらすぐに測量図などを作成し、境界標の所在を明らかにしておきましょう。

Question 9

隣地との境界として設けられていた塀とは別の場所から境界石が発見されました。それを隣人に指摘すると境界は塀が正しいと主張しますが、どのように扱うべきでしょうか。

Answer

取得時効により境界は変更しませんが、境界が塀の位置に変更されるおそれがあります。

たとえば、隣人の土地との境界上に古くから塀がありますが、塀から隣地に40cmほどの場所に古い境界石があるのを見つけました。そこで、隣人に「境界石がある位置が本当の境界ではないのか」と指摘したところ、隣人は「時効によって境界は今の塀の位置に移動している」と主張しました。境界の位置は時効で移動してしまったのでしょうか。

隣人が主張する時効を取得時効といいます。取得時効の要件を満たした場合は、隣人が所有権を取得します。しかし、時効の制度と境界（ここでいう境界は「公法上の境界」を指します）の制度は別個のもので、隣人が境界石と塀との間の土地を時効取得しても、それに伴って境界も移動したことにはならないのです。

ただ、隣人が境界石から塀までの土地の所有権を時効取得したことが裁判所で認められた場合は、事情が変わってきます。隣人が時効取得した土地を分筆（土地を分割すること）し、所有権の移転に協力するように相談者に求めてくることが十分にあり得ます。その場合、相談者は土地の分筆手続きに応じなければなりません。したがって、隣人に時効取得が認められると、結果的に現状の塀の位置を新たな境界として定めることになります。

Question 10 地震で境界がズレてしまった場合、法律上はどのように扱われますか。

Answer 広範囲にわたり地表面が水平移動した場合、土地の筆界も移動したと取り扱われます。

たとえば、震度6の地震が起き、あまりに地震が激しかったせいか自分の土地と隣人の土地の境界がズレてしまった場合を考えてみましょう。この場合、新たに隣人と話し合いで境界を決めることはできるのでしょうか。

私法上の境界は、隣接する土地の所有者間の合意により決めることができます。一方、公法上の境界は、国が定めるべきものであり、客観的に定まっているので、移動することはないと言われています。そのため、当事者同士で公法上の境界を決めることはできません。ただ、法務省は、通達（上級機関が下級機関に対して法律などの解釈を示す行政の内部文書のこと）で、次のように示しています。つまり、地震で広範囲にわたって地表面が水平移動した場合には、土地の筆界も相対的に移動したものとして取り扱い、土砂崩れなど一部の場合には、土地の筆界は移動しないとしています。その上で、地表面が移動し、土地の区画の形状が変わったときは、当事者間で筆界の調整を図るとしています。

実際には、当事者の話し合いで公法上の境界を決めることができるといえます。当事者で話し合いがまとまらなければ、筆界特定手続き（240ページ）などを利用することになります。

Question 11 隣地で家を新築していますが、台風で土砂が崩れて私の土地に被害が及びそうです。土留工事が必要だと思いますが、費用はどちらが負担すべきでしょうか。

Answer 隣地所有者が負担すべきですが、土留工事を自ら行う場合には相談者が負担します。

土留工事の費用負担の割合について、明確に定めた法律はありません。考え方としては、以下の２つがあります。

１つは、隣地の所有者が土留を自己の費用で設けるべきとする考え方です。これは、ある物に潜在している危険性は、その物の所有者が責任を負うべきだとする考え方（危険責任ともいいます）に由来しています。もう１つは、相隣関係に関する民法226条の規定などを類推適用して、双方が２分の１ずつ負担するという考え方です。土留工事によって双方が利益を受けることから、そのための費用も双方が負担すべきだというわけです。

なお、隣地の所有者は、自由に土留工事ができます。自分の敷地内のことだからです。その場合、工事費用の分担を相談者に請求することはできません。

これに対し、相談者は、基本的に自ら土留工事を行うことはできません。しかし、土砂崩れなどにより自己の所有地に危険が及ぶと認められるときは、隣地所有者に対して土留工事をするように請求できます。工事費用は隣地の所有者が負担します。どうしても自分で土留工事をしたい場合は、隣地所有者の承諾を得る必要があります。その場合の費用は、通常、工事の容認を求めた相談者が負担することになります。

Question 12 塀を作る際の問題について教えてください。

Answer 費用負担や塀の高さ・材質について隣家所有者と協議して定めます。

２棟の建物が別々の所有者に属し、それらの建物の間に空地がある場合、各建物の所有者は、他の所有者と共同の費用で、境界上に塀や柵（これを囲障といいます）を設置できる権利を持っています。この権利を囲障設置権といいます。プライバシー保護を目的とする権利です。囲障設置権は、建物所有者に認められている権利なので、建物を所有する土地の賃借人（借地権者）にも認められます。しかし、建物を建てさせて土地を賃貸しているだけの土地の所有者には認められません。

新しく塀を設置しようとする場合、まず隣家所有者と協議を行うことになります。合意が成立しない場合は、裁判手続によって隣家所有者に協力を求めることになります。隣家所有者が費用を出し渋っているからといって、塀の位置や費用を全部自ら負担する必要はありません。塀の設置費用や管理費用は、隣家所有者と折半にすることができます。その場合、塀の所有権は、隣家所有者との共有と推定されます。裁判では、塀の設置場所、材質、高さ、費用の分担などが指定されます。判決が下されても、隣家所有者が囲障の設置に応じない場合は、とりあえず塀を設置した上で、その費用を隣家所有者から取り立てることになります。

もっとも、嫌がらせ目的の場合のように、プライバシー保護や建物内の安全保護とは無関係に塀を設置しようとする場合は、隣家所有者に協力義務はありません。

なお、前述したことはすべて、塀の中心線が、隣地との境界線と一致することを前提とした話です。既存の塀の中心線が実際の隣地との境界線と一致しない場合は、その中心線を隣地の境界線と一致させた上で塀を設置しなければなりません。

設置する塀について、隣家所有者と共同して設置する場合は、塀の高さや材質などについて協議をします。しかし、必ずしも隣家所有者との意見が一致するとは限りません。意見が一致しない限り、塀を設置できないというのでは困ります。

そこで、民法225条２項では、協議が調わないときは、高さが２mの板塀または竹垣などを設置すると規定しています。自治体の条例や慣習などで別の定めがあれば、その規定に従った塀の設置の協力を求めることができます。市町村の条例で塀は生垣にしなければならないと規定されていれば、それに拘束されます。

●自分の土地に塀を作るときは

中心線が境界線上となる塀を設置する場合は、塀が隣地にまたがることになるので、勝手に設置することはできません。勝手に塀を設置すると、隣家所有者から塀の撤去などを請求されることが考えられます。

これに対し、隣地にまたがることなく、すべてが自己の土地上に収まる塀を設置する場合は、隣家所有者と協議する必要はありません。この場合は、自己の費用で、自分の好みの塀を設置することができます。ただし、隣家の日照や通風、眺望を害する塀の設置は許されません。隣家の日照や通風を侵害する場合は、不法行為が成立し、隣家所有者から損害賠償を請求されるおそれがあります。また、塀を低くするなど、設置した塀の改修を請求されることも考えられます。

Question 13 高価な塀を作りたいのですが、増加分の費用負担はどうなるのでしょうか。

Answer 増加分は高価な塀を望んでいる者が負担することになります。

塀を設置すること自体は合意が成立したものの、設置する塀の高さや素材などの合意が成立しない場合があります。この場合、設置する塀の内容を決める基準として、民法や条例・慣習があります。つまり、協議が整わないときは、条例・慣習があれば、それに基づいた塀を設置し、条例・慣習がなければ、民法が規定する「高さ２ｍの板塀または竹垣など」を設置します。

しかし、協議が調わない場合でも、民法や条例・慣習などで定めるよりも良好な（高価な）塀を設置することが可能です。たとえば、大谷石（石塀を造る材料としてよく利用される栃木県宇都宮市大谷町一帯で採れる石のこと）で塀を作ることも可能です。

もっとも、大谷石にすることによって余分にかかる費用を隣人にも負担させるのは公平ではありません。そこで、余分にかかる費用は、大谷石で塀を設置することを望んでいる者が負担することになります（民法227条）。

この場合でも、プライバシー保護や建物内の安全確保という目的から外れた塀を設置することは許されません。たとえば、隣家の日照や通風、眺望を著しく害するような高さの塀を設置することなどは許されません。

Question 14 隣地との間に設置した塀について、修繕費用などは誰が負担すべきでしょうか。

Answer 塀の設置費用を隣家と平等で負担した場合、修繕費用等も平等負担になります。

塀の修繕費用の負担割合も、設置費用の場合と同様に考えることができます。つまり、塀の設置費用を隣家と平等で負担した場合は、その修繕費用も隣家との平等負担になります。高価な塀を設置した場合は、設置に余分にかかった費用を負担した者が、余分にかかる修繕費用を負担します。もっとも、合意で異なる費用負担とすることも可能です。隣家所有者が塀の修繕に協力しない場合は、自ら費用を負担した上で修繕した後、隣家所有者に負担分を請求していくことになります。

なお、塀は土地の上に設置されるものですから、土地工作物です。民法では、土地工作物の占有者または所有者に対し、一定の責任を負わせています。つまり、土地工作物の設置または保存に欠陥があることによって他人に損害が生じた場合、占有者または所有者が被害者に対して損害賠償責任を負います。したがって、欠陥によって塀が倒れ、事故が起きたのであれば、事故の被害者に対して損害賠償責任を負います。

隣家と共同して塀を設置した場合、塀は隣家所有者との共有物となるので、隣家所有者も、事故の被害者に対して損害賠償責任を負います。どちらかが被害者に全額を賠償すれば、他方の被害者に対する損害賠償責任は消滅します。

Question 15 隣地との境界上にある塀が老朽化して修理が必要になった場合、誰が修理費用を負担するのでしょうか。

Answer 基本的に境界上の塀は共有物と考えられますので、修繕費用は折半になります。

民法では、塀の設置費用は、隣人（隣家所有者）と平等に負担すると規定されています。しかし、これは隣家との間で設置費用について合意がない場合を前提としています。隣家との間で費用負担について別段の合意があれば、その合意の内容が平等負担でなくても、合意に従って費用を負担します。

本ケースでは、境界上に塀があるということから、隣人と協力し合って境界上に塀を設置したと考えて説明します。

協力して塀を設置した段階で、設置費用や維持費用・修理費用をどちらが支払うかについて明確な合意があるときは、その合意に従います。明確な合意がなければ、お互いに折半で負担するという合意が暗黙のうちに成立していたかどうかを検討します。そのような暗黙の合意があると考えられる場合、費用の負担割合は特段の事情がない限り折半となります。

暗黙の合意がなかったとしても、境界線上の塀は共有物といえます。共有物については、共有者が単独で保存行為（財産の価値を維持させる行為）をすることができます。塀の修理は財産の価値を維持する保存行為にあたりますから、相談者が修理をしたときは、費用の半分は隣人に請求できることになります。

16 Question

歩行中に突然道路沿いの家の塀が崩壊し、瓦礫が体に当たって負傷しました。損害賠償請求は誰に行えばよいのでしょうか。

Answer 土地の占有者に対して損害賠償請求ができます。借家であれば、土地の所有者に対して損害賠償請求ができる場合もあります。

民法717条により、壁や塀などの土地工作物の設置や保存が安全性を欠いている（瑕疵がある）ため、他人に損害を与えた場合は、土地工作物の占有者（事実上支配している者のこと）が損害賠償責任を負います（土地工作物責任）。本ケースでは、塀が崩れてケガをしているので、通常はその家の住人に対して損害賠償請求ができます。

しかし、塀が崩れた家が借家であり、所有者がその家に住んでいない場合、土地工作物責任を追及できる相手は、その家の所有者となるのか、それとも借家人となるのかが問題となります。

この場合は、原則として占有者である借家人が、塀が倒れたことによる損害賠償責任を負います。ただし、借家人が塀に欠陥があることに気づくことができなくても仕方がないほど家を借りてから日数が浅かった場合や、塀の欠陥に気づいた借家人が通行人に危険が及ばないように柵などを設置していた場合、借家人は損害賠償責任を免れます。このように占有者が免責されたときは、その家の所有者が責任を負います。なお、塀の欠陥について過失がなくても、所有者は損害賠償責任を負うことになります。

Question 17 境界で区切られた隣地を時効により取得することはあるのでしょうか。

Answer 民法が規定する一定期間隣地を占有し続けることで時効取得することができます。

他人の土地を自分の土地と思い込み、そのまま占有している状況であれば、時効によって土地を取得することがあります。他人の土地を自分が所有者であるように一定期間占有（事実上の支配）をし続けると、その所有権を取得することがあるのです。

このように長く続いている事実状態がある場合に、その事実状態に沿った権利を取得することを取得時効といいます。占有を始める時、他人の土地であることを知らず、かつ、知らないことに過失がなければ、10年の継続占有で土地の所有権を時効取得します（その後に事情を知っても時効期間に影響はありません）。これに対し、他人の土地であると知っていたか、過失により知らなかったのであれば、20年の継続占有で時効取得します。

10年間あるいは20年間占有していた土地の所有権を取得するということは、本来の所有者が土地の所有権を失うことになります。たとえば、隣地を占有していた場合に時効取得が成立したとなると、その人の土地所有権が隣地の占有していた部分にまで広がるわけです。所有権が広がったということは、その分だけ隣接地の所有者の所有権が失われたことになります。なお、所有権の境界の移動は、あくまで私法上の境界についてのことですから、公法上の境界（地番の境の境界）とは関係ありません。

Question 18 境界をめぐる紛争を知らず土地を購入し、紛争解決のため費用を支出せざるを得ませんでした。紛争を知りつつ告知しなかった不動産会社への責任追及は可能でしょうか。

Answer 不動産会社は善管注意義務に違反するため、買主に対して損害賠償責任を負います。

不動産会社の仲介を受けて土地を購入したときに、前の所有者が隣人との間で土地の境界について争っていたことが判明するという場合があります。費用を支出して紛争に決着をつけることになった場合、土地の境界のことで争っていたことを不動産会社が知っていたのであれば、その不動産会社に対して損害賠償を請求できないかというのが問題点です。

不動産会社のような仲介業者は、委任された内容に従い、その地位に基づき取引上要求される程度の注意義務（善管注意義務）を負っています。善管注意義務を負う仲介業者の業務は、売主と買主の間に立って売買契約を成立させることです。仲介業者には専門的知識と豊富な経験が求められています。依頼する側は、対象物件や相手方の状況などについて仲介業者の情報を信頼するのが通常ですし、仲介業者は、この信頼に応える義務があります。

境界について争いがある事実は、不動産を買うかどうかの判断に際して重要な情報です。契約の成否に影響する重要な事実を知っているのに伝えなかったことは善管注意義務に違反します。

したがって、不動産会社は損害賠償責任を負います。裁判例にも、仲介業者には土地の境界を明示して買主の損害の発生を未然に防止すべき義務があるとしたものがあります。

Question 19 隣地との境界の杭が勝手に抜かれて、自己の所有地側に移動していた場合、どのような対応方法があるのでしょうか。

Answer 境界毀損罪が成立する他、不動産侵奪罪が成立する可能性もあり、刑事告訴をすることが考えられます。

たとえば、自己の農地に行ったところ、隣の農地との境界を示す木の杭が隣人によって引き抜かれ、その杭が自分の農地側に２mほど入り込んだ場所に埋め込まれていた、というケースを想定してみましょう。この場合、隣人に対して、どのような法的責任を追及できるのでしょうか。

このケースでは、隣人に２つの刑事責任が発生する可能性があります。まず、境界標である木の杭を引き抜き、以前の土地の境界を認識できないようにしている点です。刑法262条の２では、「境界標を損壊し、移動し、若しくは除去し、又はその他の方法により、土地の境界を認識することができないようにした者は、５年以下の懲役又は50万円以下の罰金に処する」と境界毀損罪について規定しています。木の杭を引き抜くことによって土地の境界が不明確になっていますし、その杭は境界と認識されていた以上、隣人の行為は境界損壊罪が成立するといえます。

また、他人の土地の占有を一部でも奪っているため、刑法235条の２の不動産侵奪罪にあたる可能性もあります。ただ、不動産侵奪罪は他人の不動産を「侵奪」した場合に成立するので、隣人が無断使用をしているなどの事情が認められることを要します。

Question 20 設計事務所には、建物の設計にあたって、境界を確定する義務があるのでしょうか。

Answer 原則としては設計事務所が境界確定義務を負うことはありません。

設計事務所に対する境界確定義務（以下「義務」と略します）の有無は、原則としては、設計委託契約の法的性質や契約の解釈により決まるため、一義的な答えは存在しませんが、以下のように、ある程度の類型的判断は可能と考えられます。

①依頼者から境界が確定しているとの報告を受け、提供された証拠資料に基づいて設計したときは、あらためて境界を調査確定する必要がなく、設計事務所の義務は認められません。

②依頼者から境界に関する報告を受けておらず、証拠資料も提供されていない場合で、境界を明示する境界標が存在せず、明らかに境界の確定が必要であるときは、境界の確定なしに建物の設計はできないので、契約内容として義務があると考えることもできます。しかし、境界の確定は土地所有者に認められた権能で、設計事務所には境界を確定する権能がありません。したがって、特約がない限り、設計事務所の義務は認められません。

③境界が境界標などで一応認識できるときは、境界の管理は土地所有者にあると理解されるため、特約がない限り、設計事務所の義務は認められません。設計事務所には境界を確定する権能がないからです。

21 Question
隣地との境界が土地購入時に聞いた話と違う場合、土地の購入者は売主に対して法的責任を追及できるのでしょうか。

Answer 契約不適合責任に基づいて代金減額請求や損害賠償請求などの法的責任を追及できる場合があります。

たとえば、宅地50坪を１坪50万円、合計2500万円で購入したというケースで考えてみましょう。その後、隣地の所有者が、自己の土地に10坪分ほどはみ出した場所に塀を作り始めたとします。境界に対する認識が異なるようで、訴訟の提起も検討しているのですが、境界標の位置などから敗訴の見込みが高いとしましょう。隣地の所有者との訴訟で敗訴した場合、売主に対してどのような請求が可能でしょうか。

売買契約の売主には、目的物の種類・品質・数量などが契約の内容に適合しない場合における責任（契約不適合責任）が課されています。買主は、契約不適合責任に基づき、不足分の代金減額請求ができる他、契約の解除や損害賠償請求もできます。

本ケースは、坪単価を基準にして価格を決定している「数量指示売買」となりますので、敗訴が確定し、10坪分の数量不足が判明すると「50×10＝500万円」の代金減額を売主に請求することができます。また、数量不足について買主に帰責事由がない（数量不足を知りながら購入していない場合など）のであれば、売主との売買契約を解除できます。さらに、数量不足について売主に帰責事由があれば、買主は損害賠償請求をすることもできます。

Question 22 同じ地主から土地を借りている者同士で境界を明確にしたいと考えるに至りました。境界確定はどのように行うのでしょうか。

Answer 地主・隣人・相談者の三者を交えて境界について交渉し、確定した境界線を引くとよいでしょう。

たとえば、自分と隣人が同じ地主の土地を借りていることがあり得ます。隣人も地主との間で借地契約書を交わしていないだけではなく、借地の境界の目印もない場合があります。

借地人である相談者や隣人は、本来の土地の境界がどこにあるかについて、筆界特定制度を利用したり、境界確定の訴えを起こしたりすることはできません。借地の境界は借地契約によって決定しています。借地契約で示されていなくても、建物を所有するのに必要な範囲について借地契約があったと推定されます。

借地の境界が不明なのは、境界がないからではなく、隣人と地主との関係で境界を明確に意識していなかったためか、あるいは境界の目印を作らなかったためです。しかし、境界が明確でなければ、土地の使用権について争いとなる可能性があります。争いを未然に防ぐには、明確に境界を決めておく必要があります。

本ケースの場合、境界が不明な状況となった原因は契約内容が不明確であったことにあると考えられますから、契約内容を明確にする必要があります。地主・隣人・相談者の三者間での合意が得られたところで、境界線を引くことになります。

Q23 Question 昔から隣地との境界がはっきりしない土地について、境界をどのように確定すればよいのでしょうか。

Answer 隣人との交渉で決定する、筆界特定制度を利用する、境界確定の訴えを提起する方法があります。

たとえば、土地が山林のときは、ともに先祖代々受け継いできた自分と隣人との土地の境界がはっきりしないことが多くあります。この場合、隣人との間で境界を確定し、実態に則して登記簿上の地積も更正する必要があります（土地地積更正登記）。隣人との間で境界を確定できない場合は、筆界特定制度を利用するか、隣人を被告として境界確定の訴えを起こします。境界確定の訴えを提起した場合、裁判所は、土地の境界線をいずれかの地点にあると明確にした上で確定します。

境界が不明な場合、これを確定するための資料として、土地の登記簿謄本や公図などが必要ですが、いずれも登記所で閲覧したりコピーをとったりすることができます。登記簿には、山林の所有権の移転状況などが記載されていますが、登記簿上の面積と実際の面積が異なる場合もあるため注意が必要です。公図とは、土地の地番や土地の区画の形、道路などが描かれたものです。土地の境界の見当をつけるには、公図、昔の地図、土地の現状などを資料として検討するとよいでしょう。

なお、土地の周辺で古くから不動産業を営む業者に、取引の慣習などを聞いておくことも大切です。山林の場合は、山林の尾根や沢、目印となりそうな大木や石などが境界の目印になります。

Question 24 共有地の境界の確定は誰を相手に手続きを進めればよいのでしょうか。

Answer 必ず関係者全員による交渉、筆界特定制度、境界確定訴訟により決定します。

たとえば、ある山林を相続しましたが、隣地との境界がはっきりせず、隣地は近所のＡさんと、その親戚のＢさんの共有になっていますが、境界についてはどのように決定すべきでしょうか。

土地は、物理的にはすべてがつながっています。そこで、法律は登記制度を創設して、「一筆」という単位を、土地の所有権の単位にしました。その一筆の土地と土地の接しているところを境界と呼び、自然にある尾根・沢などを使ったり、境界石・境界木を置いたりして、境界を明確にします。

相続などがあると、被相続人同士で合意していた境界がわからなくなり、紛争になることもありますから、相続をきっかけに境界を確認するのはよいことだと思います。その際、隣地が共有の場合は共有者全員と協議しなければなりません。冒頭のケースでは、Ａさんとだけ協議して境界を決めても、それをＢさんには主張できません。ただし、話し合い・現地の境界石などの確認、設置などの、どの場面でも全員がいつもいる必要はなく、最終的に全員が合意できれば十分です。

話し合いがまとまらない場合は、筆界特定制度を利用する方法や、境界確定訴訟を提起する方法がありますが、関係する所有者全員が当事者にならなければならない点に注意しましょう。

Question 25 隣地との境界が不明確なのですが、境界を確定しようとする場合、誰を相手に手続きを進めればよいでしょうか。

Answer 所有権の境と地番の境とでは、確定させるのに必要な手続きが異なります。

自ら所有する土地と隣人が所有する土地との境界が不明なので確定したいものの、たとえば、隣人が海外に住んでいるなどの事情により交渉が進まない場合があります。この場合、いかなる方法で境界を決定すべきかというのが問題のケースです。所有権の境と地番の境についての２つに分けて解説します。

まず、所有権の境（私法上の境界）については、所有権の範囲の問題となります。たとえば、隣人が境を越えて相談者の土地の部分まで権利を主張している場合は、隣人を相手に相談者の土地の部分の使用をやめるように請求できます。交渉がうまくいかなければ、所有権確認の訴えを起こすこともできます。なお、所有権の境について具体的に争っている相手であれば、土地の所有者はもちろん、借地人も被告にすることができます。

ここで注意すべき点は、隣人と交渉したり裁判で勝訴したりして使用をやめさせても、その効果は隣人にしか及ばないということです。所有権そのものの争いである場合に、直接、隣人との間で交渉なり訴訟を起こすなりして解決しなければなりません。

これに対し、地番の境（公法上の境界）を決める境界確定訴訟では、当事者は、所有権者である隣地所有者に限る（借地人は当事者にならない）と考えられています。

第5章

騒音・日照権など住環境をめぐる法律問題

Question 1 隣家に囲まれた場所に所有する土地の上に住居を建築する予定です。想定される近隣トラブルの内容やその対処法について教えてください。

Answer 近隣トラブルは損害賠償請求や差止請求の対象となることもあります。

本ケースのように、隣家に囲まれた場所の土地を購入することはよくあるケースです。このように周囲を他人の土地などに囲まれている土地の所有者には、周囲の他人の土地を通る権利があるのですが、この権利をめぐって近隣トラブルが生じてしまう可能性があります。

また、境界の近くに建物を建てる際には、隣地を使用することができます。しかし、隣地に立ち入った際に隣人に何か損害を与えてしまえば、トラブルの原因になります。隣地の木の根が境界線を越えてきているときには、その根を切除する権利があります。しかし、隣人が所有している木の根を切ることになるので、無断で根を切断してしまった場合には、隣人が怒ってトラブルに発展するケースがあります。さらに、土地の所有者は隣地の所有者と共同で境界や障壁を設置することができます。この境界や障壁をどこに設置するかで隣地の所有者ともめる可能性があります。

●着工前の挨拶を忘れない

建物の工事を行うと騒音などが発生してしまうため、どうしても近隣住民とのトラブルの原因となってしまいます。このようなトラブルの発生を防ぐには、トラブルの発生前から近隣住民との良好な関係を築いておくことが必要です。

そのためには、建築工事の着工前に近隣住民に挨拶をしておくことが重要だといえます。その際には、工事全体の期間、どのような用途の建物を建築する予定なのか、１日のうちどの時間帯に工事を行うのか、といった点も合わせて伝えるようにします。

また、万が一、工事に対してクレームがきた場合にも、まずは相手の言い分を聞くことに徹して、最初から反論や弁解をしないようにしましょう。相手に対してその場ではすぐに回答せずに、相手の主張が正当なものかどうかを検討してから回答することが必要です。

●考えられる法的手段

実際に近隣トラブルが生じたときには損害賠償請求や差止請求といった手段を検討することになります。

・他人の権利を侵害した場合の損害賠償請求

民法709条では、不法行為（他人の権利を侵害し、損害を発生させる行為）に関する損害賠償請求権が規定されています。これに基づいて、過去に生じた損害の賠償を請求することができます。

・差止請求

現在および将来にわたっての生活妨害を解消するには、それを差し止める必要があります。そのため差止請求権が認められます。

■ 近隣との関係についての民法上の主な規定 ……………………

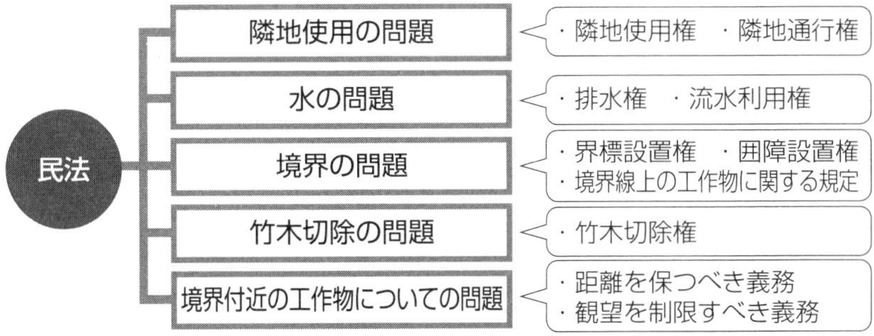

Question 2 隣家から家の中が見られないよう、隣家との境界に石塀を立てたいのですが、隣家の協力が得られません。どのように対処すればよいでしょうか。

Answer 法律により境界線上における垣根や塀の設置請求が認められています。

民法によると、建物と建物の空地の境界線上に垣根や塀を作ることを請求することは可能です。しかし、垣根や塀も多種多様であり、日照から嗜好の相違まで、さまざまな問題が生じるため、まずは話し合いの場を設けることが大切です。その際にかかる費用については、地方の慣習がなければ折半が原則ですが、協力を得るため、ときには調整する必要もあるでしょう。

塀などの材質や大きさでどうしても話し合いがまとまらない場合は、協力を求める訴訟を提起して判決を得て設置することを検討します。この場合に民法では、高さ２ｍの板塀か竹垣を提示しています。高価なものから廉価なものまである中の「中程度」のものを選択することが前提となります。法律が予定している材質や大きさではないものや中程度より高価なものを希望する場合は、その費用を相談者が負うなどとすれば認められるでしょう。

本ケースの場合、プライバシーの確保のために急を要する事態であるため、すべて自身の費用負担で自身の敷地内に設置すれば、自由に材質や大きさを決めて設置することができます。ただし、隣家の日照や通風を意図的に妨害、または意図しなくても常識的な範囲を超えて妨害するようなものは権利の濫用とされ、許されないことがあります。

Question 3

隣人宅にある梅の木の根と枝が我が家との境界線を越えており、邪魔で困っています。面と向かって言いにくいので隣人には無断で勝手に切り取ろうと思いますが、何か問題はありますか。

Answer 境界を越えている根と枝では法律上可能な対応が異なるため、注意が必要です。

本ケースにおいて、境界線を越えている隣家の樹木の根と枝を勝手に切り取ることができるかどうかについて、それぞれ民法の規定に従って検討してみましょう。

民法によれば、隣家から越境している「根」については、隣人に無断で切り取っても問題ないとされています（民法233条４項）。

これに対して、隣家から越境している「枝」については、その所有者である隣人に対して、枝を切除するよう請求することはできますが（民法233条１項）、勝手に切り取ることは原則としてできません。この点については、令和５年（2023年）４月１日施行の改正民法によって、例外的に、隣人が枝を切除するよう催告されたにもかかわらず、相当の期間内に切除しないときや急迫の事情があるときなどは、あなたはその枝を切り取ることができることになりました（民法233条３項）。

なお、あなたが枝を切り取る場合でも、隣人に切除してもらうよう請求する場合でも、枝を切ることによって隣人に生じる被害が大きい場合には「権利の濫用」とみなされ、枝を切り取ることが認められないという可能性もありますので、注意する必要があります。

Question 4

自宅の横に建築予定マンションのベランダと階段が、自宅の浴室と居間側に配置されるそうです。建築主にプライバシー保護のため目隠しを設置するよう求めることはできますか。

Answer

ベランダへの設置は認められる可能性があるものの、階段については困難です。

民法によれば、境界との関係について、境界線から１ｍ未満に他人の宅地を見ることができる「窓・縁側」を設置した場合には、目隠しを設置するように規定しています（235条）。

この規定は明治時代に定められたものであるため、マンションなどの想定はされていません。しかし、学説も判例も、できるだけ現在の実態に沿うように解釈する立場をとっています。

たとえば、「縁側」とマンションの「ベランダ」は、本来は別のものです。しかし、ベランダも縁側に含むとした裁判例があります。どちらも、人が滞在する「部屋」の外側に沿って設置されているという点に着目したものです。ここから、相談者が希望するベランダの目隠しは認められる可能性があるといえます。

しかし、縁側やベランダは、人が滞在する「部屋」の外側という共通項がありますが、階段まで解釈を広げるのは限界を超えていると考えられます。「部屋」とは違って、「階段」は人が滞在するところではなく、通るための施設だからです。実際に、階段は縁側と同じように扱えないとした裁判例があります。

このように、判例などから検討すると、ベランダの目隠しは要求できる可能性があるものの、階段については、この請求は困難だと考えられます。

Question 5

隣地は私の土地よりも3mほど高く盛土がなされていましたが、先日の豪雨で、区画された擁壁が崩壊し盛土が流れ込んだため、私の土地が自由に使えなくなってしまいました。隣地の所有者にどんな請求ができますか。

Answer 盛土の除去や擁壁の工事などを請求することができます。

本ケースでは、土地の所有権に基づき、隣地の所有者に対して一定の請求が可能となります。

まず、隣地の盛土が流れ込んできたという被害が生じたため、自分の土地を自由に使うことができなくなっているので、妨害排除請求として、隣地の所有者に対して、流れ込んだ盛土を除去するように請求することができます。

また、豪雨で擁壁が壊れたことから、これを放置した場合、後の風雨によってさらに被害が広がることが予想されます。そこで、妨害予防請求として、新たな擁壁を作る工事を行うことを請求することもできます。

このような請求の他、隣家が盛土したことによって家屋が破損した可能性があるため、民法上の工作物責任を追及して損害賠償請求をすることができるかどうかについても問題となります（民法717条）。人工的に土地に接着して作られたものは「工作物」と呼ばれ、擁壁も工作物のひとつです。その設置や保存に瑕疵（本来備わっているべき性質や設備が欠けていること）があり、そのために他人に損害が生じたときは、賠償しなければならないとされています。本ケースでは、盛土によって擁壁の耐久性が不足していたかどうかにかかってくると考えられます。

Question 6 所有地にマンションを建築しようとしたところ、近隣住民から反対運動が起こり、私道に柵が設置されたため工事車両が通行できず困っています。よい方法はないでしょうか。

Answer まずは住民と交渉を行い、同意を得ることが最優先となります。

本ケースでは、建築確認がおりた上で着工し、工事が実施されていることから「合法」な建築であると推測できます。しかし、マンション入居者と近隣住民との関係を考慮するため、まずは交渉に臨み、同意を得られるよう努めることが優先となります。

住民が行う反対運動についても、程度や態様はさまざまです。署名運動などをしている場合は建築主側も粘り強く対応する他ありませんが、本ケースのように実力行使された場合、工期の遅れ、経済的損失などが発生する可能性があるため、法的手段も考えなければなりません。

本ケースの場合、柵を設置された私道が、従来より公衆が道路として使用していたのであれば、住民が通行を妨害することは違法となります。まずは通行妨害の程度を明確にし、保証金を準備して裁判所に対して私道通行妨害禁止の仮処分命令の申立てをすることが考えられます。

しかし、反対住民の行為で工期が遅延したり、入居募集計画などに具体的な損害が発生してしまうケースも考えられます。そのため、まずは前述のような法的手段をとる前に、住民と誠実に協議をするという姿勢が望まれます。

Question 7 建築協定とはどのような場合に結ばれるものなのでしょうか。建築協定に違反して建築工事が行われている場合、建築工事の中止を請求することはできるのでしょうか。

Answer 工事の際に交わされる最低基準で、法に基づく内容と隣家との取り決めがあります。

建築協定とは、建築基準法に基づき定められる、建築に関する基準のことです。建築工事が行われる際に、土地の所有者同士が取り交わすものです。建築協定には、①建築工事の際に隣地所有者との間で結ぶ工事の時間・トラックの経路などの取り決め、②建築基準法によるもの、の２つの内容があります。

①の場合、締結する契約内容については、法令に反しなければ当事者間の自由です。効力は当事者間のみであり、転売時の買主と隣地所有者の間には効力は存在しません。

一方、②は、市町村条例で定められた区域の土地の所有者などが、建築物の位置・用途などの基準を定めて自治体から認可を得たものです。建築協定の状況は自治体の建築課などで確認できます。協定の内容には、境界から建物の距離に関するものや、高さや景観などに関するものがあります。①とは異なり、この協定は公告を経て認可を受けたものであるため、転売した場合でも新規の購入者には協定内容を守る必要があります。協定に違反した場合は、是正措置の請求や工事禁止などの処分を受けることがあります。業者の説明に加えて自治体にも確認をとり、どのような協定があるのかを十分に確認するようにしましょう。

●協定違反を理由とする工事の中止請求の可否

①の場合、効力は当事者間のみであり、協定の違反を理由として第三者が工事の中止などを訴えるのは困難です。ただし、日照、景観、通風などが妨げられる場合は、建築禁止の仮処分の申請ができる場合があります。一方、②の場合には、隣地所有者なども協定違反を主張することができます。ただし、建築基準法の建築協定は、行政庁による違反是正の対象とはならないため、まず、協定運営を行っている委員会の委員長に申し出る必要があります。そして、委員会協定によって工事の中止を請求するとともに、書面で相当期間を設けて是正を求めます。なお、是正がない場合は、裁判所に、工事中止や建物除去の仮処分を申し立てます。

■ 建築協定の例

（騒音、振動等の防止、管理）

第○条　本件工事の騒音、振動等については、工事施工者は騒音規制法・振動規制法等で定められた規制基準に従うとともに、近隣の住民に対する生活の被害を最小限抑えるべく、十分注意して工事を行うものとする。

2　作業場はシートで完全に囲うものとする。

3　工事施工者は、作業場の確認しやすい場所に騒音計及び震度計を設置するものとし、近隣住民から請求があった場合には、直ちに測定結果を報告しなければならない。

4　工事を行わない時間帯は、工事関係者以外のものが立ち入ることができないように、工事現場を閉鎖するものとする。

5　工事施工者は工事を行う際には、工事により日光を遮り周辺の家屋に影が生じることを避けるよう配慮する。長時間日光を遮る形で工事を行う場合には、あらかじめ近隣住民に通知するものとする。

6　周辺の家屋の景観や通風を悪化させるような形で工事を行う場合には、あらかじめ近隣住民に通知するものとする。

Question 8

私の街には「建物は境界線から1m以上離すこと」という建築協定があります。我が家の隣の土地を買ったAさんが、境界線から30cmの場所に家を建てようとしていますが、建築協定に基づいて阻止できますか。

Answer まずは、建築協定における違反時の処置を調べた上で、Aさんと話し合いを行いましょう。

本ケースにおける地域は、建物の建築と境界線に関する建築協定を結んでいるため、まずはこの建築協定の内容を確認し、協定違反があった場合の対応がどうなっているかをチェックしましょう。

建築協定が交わされる場合、具体的な内容が記載された協定書が作成され、特定行政庁（市町村の長や都道府県知事）に提出されます。通常、協定書には、協定の内容に違反した場合の措置も定められています。

ただし、法律ではなく協定にすぎないため、建築協定に違反しても罰則はありません。Aさんに対しては、まずは建築協定に従うように話し合いを続け、どうしても守らないようであれば裁判所に建築工事差止めの仮処分の申請を行い、最終的には裁判を提起することが考えられます。

また、境界から30cmしか離さないで建物を建てることは、一般法である民法の規定（234条）に違反しています。そのため、建築協定の存在にかかわらず、境界から最低でも50cm離さなければ建物を建てることはできないとする民法の規定に違反していることを理由に、裁判所に建築工事差止めの仮処分の申請を行い、最終的には裁判を提起する方法をとることも可能です。

Q9 Question

隣地にマンションが新築された後に、自宅が傾くなどの被害が生じたなど、建築された建物による被害が後に判明した場合にはどんな請求ができますか。

Answer 建築された建物が原因であることを証明できるようにした上で訴訟を起こします。

本ケースでは、自宅が傾くなどの被害は、マンションの新築を原因とするものであることを十分に立証（証明）できるように準備を進めて、裁判所に訴えを提起して、自宅の倒壊防止工事や損害賠償を請求することになるでしょう。

ただし、通常の訴訟手続きは、相当な時間を要します。倒壊の危険が差し迫っているような場合は、可能であれば、自費で工事を依頼して、その代金を損害賠償という形で後から請求をすることが考えられます。

また、裁判所に対して建物倒壊防止工事を求める仮処分命令の申立てをすることも考えられます。仮処分命令の申立ては、通常の裁判と比べれば短期間で結論が出されます。自宅が倒壊してしまうということは、相談者の生活が脅かされることであるため、保証金の供託などを条件に仮処分命令を出してもらえる可能性があります。

なお、これらが間に合わず、自宅が倒壊するなどの被害が生じてしまった場合は、建替費用を含む倒壊によって受けた損害の賠償請求をすることが考えられます。

Question 10 隣の土地から水が自然に流れ込んでくるため、せき止めて処理しようと考えていますが、法的に問題はないでしょうか。

Answer 隣の土地から自分の土地に自然に流れ込んでくる水を妨げることは民法で禁止されています。

民法は、土地の所有者は、隣地から水が自然に流れて来るのを妨げてはならないと定めています（民法214条）。人工的な設備を作らなければ、水は高いところから低いところへ流れ込みますが、この民法の規定により、低い土地の所有者には、高い土地の隣地から流れ込んでくる水を受け入れなければなりません。

もし、低い土地の所有者が高い土地から自然に流れてくる水を妨げ、高い土地の所有者が被害を受けた場合には、高い土地の所有者は低い土地の所有者に対して損害賠償や流水を妨げている設備などの撤去を請求できます。

ただし、盛土などの人為的な設備によって水が流れ込んでくる場合は、その水を防ぐことが可能です。この場合、低い土地の所有者は高い土地の所有者に対し、その土地の所有者に対して損害賠償や水が流れ込む原因となっている設備などの撤去を請求できます。

●高地の所有者は工事をすることもできる

災害などによって高い土地から低い土地に水が流れなくなってしまった場合には、高地の所有者は低い土地の中で水が再び流れるようにする工事を行うことができます（民法215条）。

水が流れなくなっている原因が低い土地にある場合には、低い土地の所有者は高い土地の所有者が低地で行う工事を受け入れる義務があります。この工事の費用は、原則として高地の所有者が負担しますが、地方独自の慣習がある場合には、慣習に従います。

●排水についての法律の規定はどうなっているのか

家庭から出る下水については、人工的な設備を用いて隣の土地を通過させることができます。土地が高い所にあり、川や下水道まで距離があり、自分の土地から川や下水道まで直接に水を流すことが困難であれば、他人の土地を用いて水を流すことができます。下水を流すために隣地を使用する場合には、隣地の所有者にとって最も負担の少ない場所や方法を用いることが必要です（民法220条）。

また、水を通過させるために、隣地に設けられた設備を利用することも認められています。たとえば、低い土地の所有者が排水設備を自分の土地に設置している場合には、高い土地の所有者は水を通過させるためにその排水設備を利用することができます。ただし、他人の土地にある排水設備を利用する者は、設備にかかる費用を一部負担する必要があります。

●屋根の雨水の処理について

自分の家に降り注いだ雨水が、屋根を経由して直接に隣の土地に流れ込んでしまうような場合、そのような構造の屋根を設置することは禁止されています。また、屋根に限らず、雨水が直接に隣地に流れ込んでしまう構造の設備を設けることも禁止されています（民法218条）。もし、隣地に直接雨水が流れ込んでしまう構造の屋根や設備を造ったことで、隣地の所有者が損害を被った場合には、その損害を賠償する必要があります。

ただし、直接に隣地に雨水を流しこんでしまう設備の設置は禁止されるものの、雨水が隣地に流入すること自体は禁止されていません。雨が降り、自分の土地で吸収しきれない雨水が隣地に流れ込んでいる場合には、自然な雨水の流入ですので、隣地の所有者にはその雨水を受け入れる義務があります。

Question 11

傾斜地に増築を予定しています。排水のため、下方の隣人の排水管を利用することや、上方の隣人の余水について既設の排水管を通すように請求することはできますか。

Answer 他人の排水管を利用する権利については、民法の規定によって認められています。

治水は、政策においても生活においても非常に大切なことであるため、民法では細かい規定を設けています。

本ケースの場合、下方の隣人の排水管理用については、通水用工作物の使用権という規定があります（民法221条）。この規定により、相談者は、下方の隣人が設置している排水管を使用することが可能です。ただし、相談者は、その利益を受ける割合に応じて、下方の隣人の工作物の設置および保存の費用を分担する必要があります。

次に、上方の隣人の余水に関する請求については、法律上の規定はないものの、既設の排水管を利用するため、新たな排水管の二重設置を防ぐなどの効果があり、合理的な要求だといえます。そのため、このような請求は認められる可能性は十分にあるでしょう。

ただし、上方の隣人が既設の排水管を使うことで著しく不便を強いられ、または不利益を被ってしまうような場合は、このような請求は認められない可能性があります。そのような場合には、相談者が自ら配管工事を行い、排水に変更を加えた上で上方の隣人に利用の変更を求めることが考えられます。

Question 12 自身の土地は隣地に囲まれて公道に接していません。隣地に上下水道・ガス・電気の設備を設置することは認められるのでしょうか。

Answer 民法や下水道法の規定により、上下水道やガス、電気設備を隣地に設置できます。

自分の土地に上水道、ガス、電気を引く際に、自分の土地が公道と接しておらず他人の土地に囲まれている場合には、水道管・ガス管・電線を他人の土地に設置する必要があります。

この場合、隣地の所有者がこれらの設備の設置を承諾しているのであれば問題はありませんが、隣地の所有者が設置を承諾しなかった場合、法律に基づいてこれらの設備を設置する権利があることを主張することになります。

結論としては、これらの設備を設置する権利は、民法の規定や下水道法の規定によって認められています。民法は、必要に応じて隣地を使用する権利や他人の土地を通行する権利を認めています（民法209条、民法210条）。

また、下水道に関する使用について定められた下水道法は、他人の土地に排水設備を設置する権利を認めています（下水道法11条）。この規定によれば、他人の土地を用いなければ下水道管を接続させることが困難な場合には、他人の土地を利用できるとされています。これらの規定を用いることで、水道管・ガス管・電線を設置する目的で他人の土地を用いることができます。

ただし、他人の土地を利用する場合には、その他人にとって最も損害が少なくなる方法を用いる必要があります。また、他人の土地を使用することで他人に損失を与えてしまった場合は損失を補償しなければなりません。

さらに、下水道法では、他人の土地を使用しなければ下水道管を接続させることが困難な場合には、他人の土地にある排水設備を利用することも認めています。ただし、他人の土地にある排水設備を利用する者は、その設備にかかる費用を一部負担する必要があります。

また、他人の私道について、通行地役権などを持っている者は、その私道に水道・ガス管を引くことができます。

なお、他人の土地を使用して配管・配線を設置する場合、その土地の所有者にとって最も損害の少ない場所や方法を用いる必要があります。配管・配線を隣地に設置するにあたり、隣地の所有者に損害を与えてしまった場合には、その損害を賠償しなければなりません。

■ 配管・配線の設置についての注意点

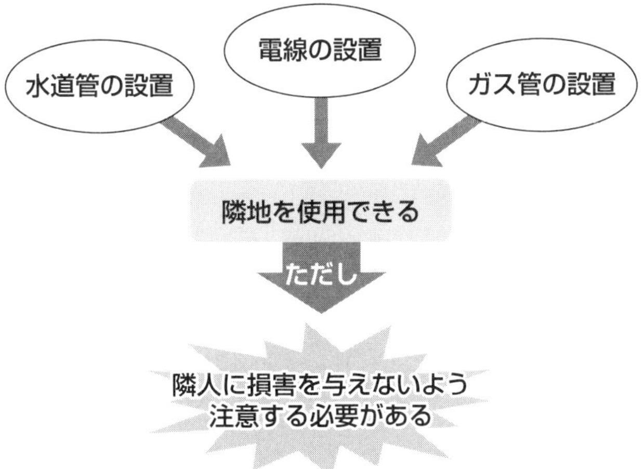

Question 13 開設予定の公共下水道に対応するため、排水設備は、隣地を通らなければ迂回する必要があるのですが、隣地の方が排水設備の設置を拒否して困っています。対処法を教えてください。

Answer 下水道法に基づいて、隣地に排水設備を設置することができます。

本ケースの場合、公共下水道が開設されることに伴う問題であるため、下水道法という法律による解決を図ることが考えられます。

下水道法10条によれば、公共下水道を使用が開始された場合には、市町村が定めた「排水区域」内の土地の所有者・使用者等は、その土地の下水を公共下水道に流入させるために必要な排水管などの排水設備を設置しなければなりません。本ケースにおいては、相談者・隣地所有者ともに、この規定が適用されます。

また、下水道法11条は、前述の規定によって排水設備の設置義務を負う者は、他人の土地や排水設備を使用しなければ下水を公共下水道に流入させることが困難であるときは、その他人の土地に排水設備を設置することや、他人の設置した排水設備を使用することができると規定しています。

本ケースは、これらの規定によって、隣地に排水設備を設置することや、隣地所有者が翻意して排水設備を設置した場合にはその排水設備を使用することができます。

ただし、この場合、隣地または隣地所有者が設置した排水設備にとって、最も損害の少ない場所や箇所、方法を選ばなければなりません。

Question 14 隣地で建築工事が開始される予定ですが、騒音が心配です。騒音については法律などで規制されているのでしょうか。

Answer 騒音規制法や建設業者との協定による一定の規制があります。

建築工事の騒音に関する規制を定めたものに、騒音規制法があります。騒音規制法が規制の対象としている作業は、「杭打ち機」などによる騒音の著しい特定建設作業と呼ばれるものです。

特定建設作業による騒音は、都道府県知事により規制対象となる地域が指定され、各区域での作業時間帯や１日の合計作業時間、騒音の大きさ、同一場所における連続作業期間などの基準が定められています。特定建設作業を行うには、あらかじめ作業の種類別の届出を都道府県知事に提出しなければなりません。

なお、特定建設作業以外の作業については、騒音規制法で定められていません。この場合、条例によって規制されている場合があります。地方自治体でも、騒音規制法に基づいた一定の規制を行うことができるとされています。

また、建設業者と近隣者の合意によって、建設に関する被害についての規制をすることも可能です。この規制に関する合意が成立した場合、合意書や協定書を作成されます。合意書・協定書に反する工事が行われた場合、裁判所に申し立てて、工事の中止を命ずる仮処分命令を出してもらうことができます。

本ケースの場合、まずは、近所の人と共同して、建設業者と合意書・協定書を結ぶ方法が効果的でしょう。

Question 15 隣人が飼っている九官鳥の鳴き声がうるさくて、日常生活に支障が出るほど困っています。隣人に損害賠償請求をすることができるのでしょうか。

Answer 損害賠償請求よりも、話し合いなどによる解決が望ましいといえるでしょう。

他人に騒音被害を与えるような動物を飼育する場合については、地方公共団体がペット条例を定めて規定しているケースがあります。たとえば、東京都の「東京都動物の愛護及び管理に関する条例」では、「異常な鳴き声、体臭、羽毛等により人に迷惑をかけないこと」といった規定があります。そこで、居住地域で条例が制定されていれば、その条例に従って行政に対応してもらうとよいでしょう。

ペットの鳴き声による被害については、騒音などの被害と同じように、社会通念上の受忍限度を超えていれば、裁判所に訴えを提起して、損害賠償の請求が認められます。受忍限度を超える例としては、一般人が夜も眠れないほどうるさいといった状況が挙げられます。

ただし、ペットの鳴き声などによる近隣トラブルの場合、一般に飼育が相当な動物であれば、よほどひどくない限りは鳴き声を理由に法的な問題とするのは難しいでしょう。訴訟を起こしても、裁判費用や被った精神的苦痛の割に認められる損害賠償額は少ないと予想されます。このため、隣人との話し合いや、それでも解決できない場合には行政指導や国民生活センターの紛争解決委員会などを利用して解決を図ることが望ましいといえます。

Question 16

日中に我が家の向かい側で行われるマンション建築工事の振動が、地震かと思うほどひどいため、非常に困っています。何か対処法はあるのでしょうか。

Answer

まずは建築主と話し合いを行い、まとまらない場合は振動の測定を行います。

本ケースの場合、まずはマンションの建築主と話し合うことが第一段階となります。

話し合いの際には、作業時間を少なくしてもらう方法や、作業方法を変えてもらう方法など、被害をゼロにする、あるいは減らす努力をしてもらうように交渉をします。

振動に関する法律である振動規制法によると、住民の生活環境を保全する必要のある地域を、都道府県知事が指定しなければならないことになっています。都道府県知事が指定した地域内で振動を生じさせる建築工事や工場は、振動について規制を受けます。

そのため、これらの要求に建築主が対応してくれない場合には、都道府県や市区町村などで振動について扱っている部署に相談し、振動の程度を測定してもらうことをお勧めします。または、市区町村役場で騒音測定器を借り、自身で測定することも可能です。

地震と間違えるような揺れが生じているという状況については、その程度によっては、工事の振動による被害が受忍限度を超えていると判断される可能性があります。したがって、このような場合には、民法上の不法行為による損害賠償の請求をすることが可能です。

Question 17 隣地や隣室の騒音に悩まされているのですが、どんな場合に損害賠償請求や差止請求が認められるのでしょうか。

Answer 騒音の程度が通常我慢するべきと考えられている範囲（受忍限度）を超えている場合、損害賠償請求や差止請求ができます。

民法は、一般的に他人から損害を加えられた人は、不法行為に基づいた内容で損害賠償請求をすることができるとしています。交通事故によってケガ（損害）をした場合などが典型例で、被害者が加害者に対して、損害賠償を請求するケースが考えられます。

しかし、その損害がここで問題となっているような騒音である場合には、少し事情が異なります。というのも、騒音などは社会生活上、多かれ少なかれ必ず発生するものであり、騒音を発生させると、即時に不法行為となるという考えでは、およそ社会生活は成り立ちません。

そのため、ただ単に騒音があったという理由で損害賠償を求めることはできないとも考えられます。しかし、裁判所は、日常生活上必ず発生する騒音などであっても、その騒音などがお互いに我慢するべき範囲（受忍限度）を超えている場合には、不法行為となり損害の賠償を求めることができるとしています。

また、騒音を出すことを止めるように働きかけても、一向に改善が見られない場合などでは、騒音の発生を差し止めることを求めることも可能であると考えられています。

●マンションやアパートの隣室からの騒音に悩まされている場合

マンションやアパートは壁を隔ててすぐ隣家ですから、住民は近所に迷惑をかけないように騒音等を出さないという賃貸借契約や信義則上の義務を負っていると考えられます。そのため、隣室の騒音で悩まされている場合には、基本的には家主や不動産会社に相談して、騒音などを出すことを止めるよう働きかけることになるでしょう。もっとも、家主や不動産会社が協力しない場合には、損害賠償を求めることが可能になる場合があります。

しかし、マンションやアパートなどの集合住宅では、受忍限度が広いと理解されているため、損害賠償請求は最後の手段といえ、しかも賠償額も小さくなると言われています。そのため、子どものぜんそくを改善するために床をフローリングにしたことによって騒音が生じていると主張しても、受忍限度の範囲内であると判断される場合が多いでしょう。また、隣家の冷蔵庫のコンプレッサーなどから生じる騒音は、低周波騒音と呼ばれていますが、この場合も騒音を専門機関などが測定することで、受忍限度を超えているかどうか判断することになります。

●隣地や隣家がライブハウスなどの場合

問題となっている隣地や隣家が、ライブハウスとなっている場合にも、受忍限度を超えているかどうかによって、損害賠償や差止めを請求することができるかどうか決まります。とくに、環境基本法が定める騒音基準に違反する場合などでは、その他の事情と相まって受忍限度を超えているときには、損害賠償や差止めを請求することができると考えられます。たとえば、ライブハウスから出される騒音が、騒音基準などや条例に違反している場合には、騒音を出す行為は不法行為に該当し、損害賠償や差止めを求めることができます。

Question 18 自宅の横に高層ビルが建築されたため、日当たりが悪くなり困っています。住民には日照権があると聞きましたが、どのような権利なのでしょうか。

Answer 日照権は、健康的な生活のため、日当たりの確保を保護する権利です。

日照権とは、日当たりを十分に確保して健康的な生活を送る権利のことで、日照の享受を法律上の保護の対象とするために、一定の権利として構成される権利です。日照権の主体は、その土地建物の所有者と居住者、借家人に限られています。

たとえば、高さが低い家屋が集まる地域に高層ビルが建築された場合、ビルの陰になる家屋が発生します。

建物の影になった場合、「家の中がじめじめする」「洗濯物が乾かない」といった悪影響が生じる可能性があります。そのため、日光を遮ってしまう場合には、日照権が問題となります。

日照権についての法律上の規制には、たとえば建築基準法による日影規制があります。日影規制は、隣地に落ちる影の時間を制限しています。たとえば一定の高さの建物を建てるときは、敷地境界から一定の距離の部分に、一定の時間以上の日影を作ってはならないという形で規制されます。なお、この規制の対象となる建物は、用途地域により異なります。

また、建築基準法には、結果的に日照の確保につながる規制として、敷地に対する建物の面積の割合を示す建ぺい率についての定めや建物総面積の割合を示す容積率、高さ制限などがあります。

さらに、北側隣地の境界線からの一定距離における建物の高さを制限する北側斜線制限という規制もあります。

●日照権侵害と損害賠償

日照権が侵害された場合には、日光を遮っている者に対して損害賠償請求や差止請求を行います。しかし、日光が遮られているとしてもそれだけで損害賠償請求などが裁判所に認められるわけではありません。日光が遮られている時間はどのくらいか、建物を建築した者が周囲の日照状況に配慮したかといった点を考慮して、損害賠償請求の当否を決めることになります。

民法で定める不法行為に基づく損害賠償請求や差止請求が認められるためには、まずは権利に対する侵害が必要です。殴られたことによって骨折した場合などのように、生命・身体が侵害されるという行為は、「権利に対する侵害行為」であると容易に判断できます。

本ケースの場合、自宅の横に高層ビルが建って、全く日が当たらなくなってしまったようなケースです。これは、最低限度の日照を守るための「日照権の妨害」だといえますが、日照が妨害されれば直ちに不法行為が成立するわけではありません。

まずは、その日照妨害が、互いに我慢するべき範囲（受忍限度）を超えているかの判断によって決定されることになります。受忍限度を超えているかどうかはケース・バイ・ケースであり、個別の状況に応じて具体的に判断されます。

したがって、裁判所では、主に法に定める日影規制に対する違反の有無、被害の程度、地域の特性、先住性、加害建物と被害建物の用途や性格などを総合して判断されます。加害建物の用途や性格も、受忍限度を判断する際には重要な判断要素となる点に注意が必要です。

その上で受忍限度を超えていると判断された場合には、損害の賠償を請求することができます。

Question 19 自宅の周りの空き地に3棟の高層マンションが建築され、日当たりが悪くなりました。このような場合、どのような請求ができるのでしょうか。

Answer 複数の建物により生じる日影については、1つの建物から生ずるものとみなして一定の規制がされます。

本ケースは、いわゆる複合日影に該当します。複合日影とは、1つの建物によるものではなく、複数の建物によって生じる日影のことです。とくに住宅地などは多くの建物が建ち並んでいるため、影の形も複雑となり、一概に「このビルのせいだ」と言えない場合が多くあります。このような、日影規制のみでは収まらない、つまり本ケースのように、別々に建てられた3棟のビルによって日照がさえぎられている場合などが複合日影の例として挙げられます。

複合日影は、1つの建物と比べて各建物による日影が重なり合う部分と、各建物が独自に作る日影の部分とがあります。

建築基準法は、敷地の異なる建物の複合日影について、直接の規制を定めてはいません。一方、同一の敷地に複数の建物が建っている場合は、生じる日影を1つの建物から生ずるものとして規制しています。

具体的には、隣地への日影時間の規制として、敷地境界線から5mの場所の日影時間と10mの場所の日影時間の両方を基準として定められています。

たとえば、Aという建物は敷地境界線から10mの場所でごく短時間しか日影を生じていない場合でも、ＢやＣの建物から長くのびる日影が、敷地境界線から10mの場所においてかなりの長時間生じる場合は、この規制を受けることになります。したがって、建物のそれぞれの敷地境界線から５ｍと10mでの日影時間が規制されます。

また、日影による被害についての不法行為による損害賠償請求についても、複数の建物が複合した結果、被害が大きくなった場合、それぞれの建物に対して損害賠償を求めることができます。たとえば、３つの建物が複合した結果、日影による被害が増大し受忍限度を超えていると判断される場合には、３つの建物それぞれに対して、損害賠償を求めることができます。

■ 同一敷地内に複数の建物がある場合の規制

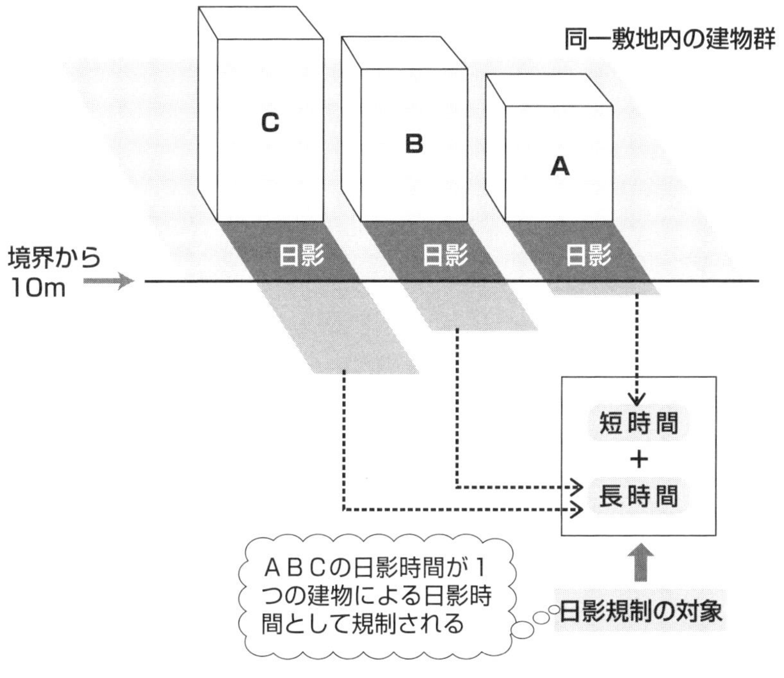

20 Question

窓からの絶景を勧められて購入した住宅の側に新たに高層マンションが建築され、せっかくの景色が台無しになりました。改善などを要求することはできるのでしょうか。

Answer 建物からの景観を守るための権利ですが、保護されにくいのが実情です。

眺望権とは、自分の建物から見える景観の利益です。不動産の価値は、その場所からの眺めの良さも含めて決定されるため、建物から見える景観も、居住者の権利として認められています。

しかし、建物からの眺望は、人間が生活する上で必要不可欠なものというわけではありません。たとえば、騒音、大気汚染、日照阻害という問題が生じている場合、人間の健康に直接影響を与える可能性があるため、訴訟になった際に裁判所は損害賠償等を認めやすいでしょう。しかし、眺望の悪さを原因とした健康悪化や直接の経済的不利益はありません。

さらに、建物からの眺望という利益と比べ、建物での経済活動による利益の方が重要であり、景観を犠牲にしてでも建物を建築する必要性が大きいといえます。そのため、眺望権は比較的認められにくい権利といえます。眺望権の侵害を根拠とした損害賠償請求が認められるケースとしては、景勝地にある旅館やホテルからの景観が悪化したケースが挙げられます。この場合、景観が悪化することで旅館やホテルの客足が減ることになり、景観の悪化で直接的に経済的不利益を受けるといえるためです。

また、本ケースのように、窓からの絶景を勧められて住宅を購入した場合も、景観をとくに重視しての住宅の売買が行われたことになります。したがって、景観が悪化した場合には売買の対象である不動産が購入時に勧められた通りの価値を有していないとして業者に対して損害賠償請求ができます。

ただし、実際に眺望権を原因として、権利侵害者に対する損害賠償請求や建築途中の建物の差止請求を裁判所に認めてもらうためには、高いハードルを乗り越える必要があります。たとえば、日照権の侵害を主張する場合については、日光が遮られている時間の長さ、日光が届かないことで周囲が受ける影響、日光を遮っている建物の所有者が周囲の建物にどのような配慮をしているかといったことを考慮した上で、裁判所は損害賠償請求や差止請求を認めるかどうかを判断します。これに対して、眺望権の侵害を主張する場合、まずは、当事者にとって眺望がどれほど重要なものであるか、眺望がどの程度悪化しているかといったことが考慮されます（下図参照）。

なお、一般的に、差止請求の方が損害賠償請求よりも認められにくいといえます。損害賠償請求は金銭的な請求ですが、差止請求は強制的に相手の行為を禁止することを内容としている請求です。相手方が受ける不利益の程度は損害賠償請求よりも差止請求の方が大きいため、裁判所も差止請求を認めることには慎重な姿勢をとる傾向にあります。

■ 眺望権の保護について

原則

権利としては保護されない

※ 眺望を保護する対象として扱う法律はない

例外

以下の要件を満たすと保護されうる

要件
- ① 眺める価値のある景観があること
- ② 良い景色が眺められることがその場所の価値を決定づけていること
- ③ 良い眺めを保持することが周辺土地利用と調和を保つこと
- ④ 良い眺めを楽しむ者がその場所の所有権や賃借権を持っていること

Question 21 日照権は、すべての地域で同様の保護がなされるわけではないという話を聞きました。日照権が保護されやすい地域・されにくい地域について教えてください。

Answer その場所の用途に応じて日照権が保護される程度が異なります。

日照権は、その場所がどのような用途で用いられた地域なのかによって、その保護の程度が異なります。

都市計画法では、市街化区域（すでに市街地を形成している区域および10年程度を目安にして、行政が積極的に市街化を図ろうとしている区域）について、用途地域を定めることができると規定されています。用途地域は13の地域に分けられています（次ページ図）。大きく分けて、住居系、商業系、工業系の３つに分けられます。

原則として、住居地域には住宅が多いため、日照量の減少による影響が大きく、日照権は保護されやすいといえます。

一方、商業地域や工業地域では、日照量よりも商業・工業的な経済的利便性が重視されるため、日照権は保護されにくくなります。

ただし、用途地域だけで日照権の保護は決定されません。商業・工業地域の場合でも、高さのないアパートや住宅が密集していれば保護されやすくなります。一方、駅や商店街が近く、実際には商業・工業目的で利用されている住居地域であれば保護されにくくなります。

また、日照の問題が発生しそうな原因となる建物が市立大学などの公共機関の場合、日照権は主張できるものの、営利目的の建物と比べて建築工事の差止請求などが認められる度合いは低いと考えられます。被害程度が社会通念上の受忍限度を超えていれば、不法行為として損害賠償の請求や建築工事の中止などの差止請求ができます。

さらに、自宅兼店舗である建物の隣が高層ビルを予定している場合、店舗の受忍限度は広いものの、自宅兼店舗は実態が住居地域と変わらないため、住居等と同一の日照権を主張できます。

■ 用途地域の概略 ……………………………………

	用途地域の種類	地域特性
住居系	①第１種低層住居専用地域	低層住宅に係る良好な住居の環境を保護するため定める地域
	②第２種低層住居専用地域	主として低層住宅に係る良好な住居の環境を保護するため定める地域
	③田園住居地域	農業の利便の増進を図りつつ、これと調和した低層住宅に係る良好な住居の環境を保護するため定める地域
	④第１種中高層住居専用地域	中高層住宅に係る良好な住居の環境を保護するため定める地域
	⑤第２種中高層住居専用地域	主として中高層住宅に係る良好な住居の環境を保護するため定める地域
	⑥第１種住居地域	住居の環境を保護するため定める地域
	⑦第２種住居地域	主として住居の環境を保護するため定める地域
	⑧準住居地域	道路の沿道としての地域の特性にふさわしい業務の利便の増進を図りつつ、これと調和した住居の環境を保護するため定める地域
商業系	⑨近隣商業地域	近隣の住宅地の住民に対する日用品の供給を行うことを主たる内容とする商業その他の業務の利便を増進するため定める地域
	⑩商業地域	主として商業その他の業務の利便を増進するため定める地域
工業系	⑪準工業地域	主として環境の悪化をもたらすおそれのない工業の利便を増進するため定める地域
	⑫工業地域	主として工業の利便を増進するため定める地域
	⑬工業専用地域	工業の利便を増進するため定める地域

Question 22

近隣に建築中の建物が完成すると日照をさえぎられてしまう場合、日照権侵害を理由として、工事の差止めや損害賠償などを請求できるのでしょうか。

Answer 建物等による日照権侵害が、通常我慢するべきと考えられている範囲（受忍限度）を超えている場合には、損害賠償請求や差止請求ができます。

民法で定める不法行為に基づく損害賠償請求や、差止請求が認められるためには、権利に対する侵害が必要です。殴られたことによって骨折した場合などのように、生命・身体に対する侵害は、権利に対する侵害があると理解することは、困難なことではありません。それでは、たとえば自宅の横に高層ビルが建って、全く日が当たらなくなってしまったような場合のような、日照妨害についても、これを権利の侵害ととらえることは可能でしょうか。

日照権とは、一般に最低限度の日照を守るための権利であるといわれており、今日では、憲法25条が定める生存権の一環として、人格的な利益のひとつであると考えられています。しかし、日照が妨害されれば直ちに不法行為が成立するわけではなく、その日照妨害が、互いに我慢するべき範囲（受忍限度）を超えているかどうかによって決まります。受忍限度を超えているかどうかは、個別のケースについて具体的に判断されます。裁判所は、主に法で定める日影規制に対する違反の有無、被害の程度、地域の特性、先住性、加害建物と被害建物の用途や性格などを総合して判断します。加害建物の用途や性格も、受忍限度を判断する際には重要な判断要素となる点に注意が必要です。受忍限度を超えていると判断された場合には、損害の賠償や、工事の差止を請求することができます。以下では、日照障害が問題となるいくつかの事例を、具体的に見ていきたいと思います。

・日照を遮っている建物が複数ある場合

たとえば、別々に建てられた３棟のビルによって日照がさえぎられている場合などが挙げられます。このケースのように１つの建物によってではなく、複数の建物によって生じる日影を、一般に複合日影といいます。複合日影は、１つの建物と比べて各建物による日影が重なり合う部分と、各建物が独自に作る日影の部分とがあり、日影の範囲が広くなります。日影による被害についての不法行為による損害賠償請求についても、複数の建物が複合した結果、被害が大きくなっていることが受忍限度を超えていると判断される場合に、それぞれの建物に対して損害賠償を求めることができます。

・日照権を侵害しているのが公共の機関である場合

日照の問題が発生しそうな原因となる建物が、市立の大学など公共機関の場合、民間人を相手にする場合と同様の対応をしてよいのかが問題となります。日照権は主張できますが、同じ日照被害を生じさせる私的で営利目的の建物と比べて、建築工事の差止請求などが認められる度合いは低いと一般的に考えられています。日照が妨害される場合、被害の程度が社会通念上の受忍限度を超えていれば、不法行為として損害賠償の請求や建築工事の中止などの差止請求ができます。

・日照権を主張する場所が商業地である場合

たとえば、自宅と店舗を兼ね備えた家屋の隣の店の店主が高層ビルを建てようとしている場合などが挙げられます。一般に店舗の受忍限度は広いといえますが、店舗と住宅を兼ねる建物は、実態が住居地域と変わらないため、住居等と同一の日照権を主張できます。

Q23 Question

自宅を新築する予定ですが、敷地となる土地は広くはないので、土地いっぱいに建築したいと考えています。建築物の面積には制限はなく、自由に建てることができるのでしょうか。

Answer

敷地に対する空きや密度を調整するための建ぺい率を守る必要があります。

「自分の土地内でどのように建物を建築しようと自由ではないか」と思いがちですが、皆がそのような考えで建物を建ててしまうと、地域が極端に高密度化する事態や、道路や上下水道などのインフラへの負荷が高くなる事態が発生してしまいます。

したがって、都市計画では敷地に対しての空きや密度を調整するために、建築基準法では用途地域ごとに「建ぺい率」を定めて建物の規模を制限し、良好で安全な環境の維持をめざしています。

建ぺい率とは、敷地面積に対する建物の建築面積（建物を真上から見た水平投影面積）の割合のことで、「建築面積÷敷地面積」という数式により求められます。たとえば、建ぺい率40％の指定がある地域に100㎡の土地がある場合の最大投影面積は40㎡です。つまり、建ぺい率が小さい場合は、敷地内に空き地が多い状態になります。

建ぺい率は、用途地域別に定められています。ただし、同一の地域でも延焼の危険が少ない防火地域内の耐火建築物や、角地の敷地内の建築物は、建ぺい率が通常よりも割増しされます。また、公衆便所やアーケードなど、公共のために利用する建物の建築の場合には、建ぺい率の制限は撤廃されます。

なお、建築物の敷地面積には、用途地域ごとに建築物の敷地面積の最低限度を定めることができます（建築基準法53条の２）。

ただし、その最低限度は、200㎡を超えてはならないとされています。また、以下のいずれかに該当する建築物の敷地については、この規制の対象から除外されています。

・建ぺい率の限度が10分の８で、防火地域内にある建物
・公衆便所、巡査派出所などの公益上必要な建物
・敷地の周囲に広い公園、広場、道路などの空地があり、特定行政庁が市街地の環境を悪化させるおそれがないと認めた建物
・特定行政庁が用途上、構造上やむを得ないと認めた建物

■ 用途地域ごとの建ぺい率制限

<table>
<tr><th rowspan="2"></th><th rowspan="2">地域区分</th><th rowspan="2">原則数値
(%)</th><th colspan="3">特　例</th></tr>
<tr><th>㋐防火地域内の耐火建築物等</th><th>㋑準防火地域内の準耐火建築物等</th><th>㋒特定行政庁の指定する角地</th></tr>
<tr><td rowspan="13">用途地域</td><td>①第１種低層住居専用地域</td><td rowspan="5">30、40、50、60
※1</td><td rowspan="5">＋10%</td><td rowspan="14">＋10%</td><td rowspan="14">＋10%
※4</td></tr>
<tr><td>②第２種低層住居専用地域</td></tr>
<tr><td>③田園住居地域</td></tr>
<tr><td>④第１種中高層住居専用地域</td></tr>
<tr><td>⑤第２種中高層住居専用地域</td></tr>
<tr><td>⑥第１種住居地域</td><td rowspan="4">50、60、80
※1</td><td rowspan="5">＋10%
(80%の地域では＋20%)
※3</td></tr>
<tr><td>⑦第２種住居地域</td></tr>
<tr><td>⑧準住居地域</td></tr>
<tr><td>⑨準工業地域</td></tr>
<tr><td>⑩近隣商業地域</td><td>60、80 ※1</td></tr>
<tr><td>⑪商業地域</td><td>80</td><td>＋20% ※3</td></tr>
<tr><td>⑫工業地域</td><td>50、60 ※1</td><td rowspan="3">＋10%</td></tr>
<tr><td>⑬工業専用地域</td><td>30、40、50、60 ※1</td></tr>
<tr><td colspan="2">用途地域の指定のない区域</td><td>30、40、50、60、70
※2</td></tr>
</table>

※１　複数の数値の中から都市計画で決定。
※２　複数の数値の中から特定行政庁が都道府県都市計画審議会の議（判断）を経て決定。
※３　建ぺい率は100%(制限なし)となる。しかし、民法で「外壁を隣地境界線から50cm以上離す」との規定があることなどに注意を要する。
※４　「㋐と㋒」または「㋑と㋒」の特例を満たす建物は「＋20%」になる。

Question 24 住宅の建築の際に注意すべき点として、容積率の制限があると聞きました。この制限には緩和規定もあるそうですが、どんなものですか。

Answer 建物の延べ面積の敷地面積に対する割合で、前面道路幅などによる制限があります。

容積率とは、建築物の延べ面積の敷地面積に対する割合のことです。建築物の容積率は、都市計画で用途地域別に定められた容積率の限度以下にする必要があり「延べ面積÷敷地面積」で求めることができます。

なお、延べ面積とは、建物の各階の床面積の合計で、階数や建物の高さとは関係なくすべての階の床面積を合計したものをいいます。また、敷地面積に容積率の限度を掛けた数値が、敷地に対して最も延べ面積を大きくした数値である「最大延べ面積」であり、「敷地面積×容積率の限度」で求めることができます。

延べ面積には、通常使用するものと、容積率を算定する際に用いるものの２種類があります。容積率を算定する際に用いる延べ面積には、一定の数値を限度として延べ面積に算入しない場合があります。たとえば、自動車の車庫など自動車を停車させる施設の場合には、用いる部分の床面積については最大延べ面積の５分の１を限度として容積率算定上の延べ面積に算入しません。

また、地階の住宅部分の床面積についても、容積率算定上の延べ面積から除外されます。天井面が地盤面からの高さ１ｍ以内で住宅の用途に使う場合は、住宅として使う部分の床面積の合計の３分の１を限度として、容積率の算定に用いる延べ面積から除外されます。さらに、共同住宅の共用の廊下や階段の床面積は、容積率算定上の延べ面積から除外されます。その他、備蓄用の倉庫や、蓄電池、自家発電用設備の設置場所などの大きな災害に備えるためのスペースも、一定の割合で除外されます。

なお、容積率の制限は、用途地域で定められた制限の他、前面道路が12m以下である場合には道路幅による制限もあります。具体的には、前面道路の幅員の「m」の数値に用途地域によって定められた一定の割合を乗じた数値以下でなければなりません。この場合の容積率は、用途地域による数値と道路幅の制限による数値を比べ、より厳しい方の数値をとることとされています。

その他、幅員15m以上の道路である「特定道路」に接続する6m以上12m未満の道路に接する建築物で特定道路から70m以内にある建物については、容積率に関する規制が緩和されます。具体的には、建物と接する道路の幅に一定の割増しを行い、容積率を加算します。また、敷地が計画道路に接しており特定行政庁が許可した建築物は、計画道路を前面道路とみなして容積率の計算が可能となり、計画道路がかかる部分を敷地面積から除外します。

■ 建ぺい率と容積率

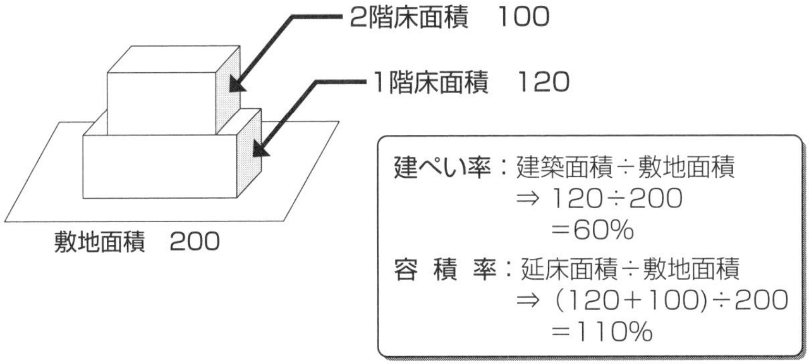

Q25 Question 自分の土地上にマンションを建築し、経営することを考えていますが、建築物の高さについての制限である道路斜線について教えてください。

Answer 道路上空の建物を建てられる部分については、採光や通風を確保するために一定の制限があります。

高さのある建築物が建築された場合、日照や通風が阻害されることで周囲の環境を悪化させるおそれがあります。そのため、建築基準法では建物の高さを制限しています。

まず、低層住居専用地域などには「絶対高さの制限」があり、その高さを超える高さの建物を建ててはいけないことになっています。絶対高さ制限とは、建築物の高さを地盤から一定の高さ以内に制限することで、たとえば第１種・第２種低層住居専用地域では、良好な住環境を保護するため、原則として建築物の高さが10mまたは12mのうち、都市計画による定めを超えてはならない、とされています。また、条例によって制限を設けている地域もあります。

さらに、建物の日照、通風を確保するための「道路斜線制限」という種類の高さ制限が存在します。

道路斜線とは、道路上空の建物を建てられる部分を制限して採光や通風を確保するための制限です。たとえば、次ページの図における敷地と道路の境界線上Ｂに、４mの道路幅に対して1.25倍（商業、工業系の地域では1.5倍）の長さの垂線を引き、この垂線の終点に向かってＡから斜線を引きます。

このとき、Ｂから引いた線の終点とＡから引いた斜線が交わる点をXとすると、ABXの三角形が完成します。そして、AXの直線をさらに上空に向かって延長した先をPとした場合、APの線が「道路斜線」であり、容積率に応じて定められた距離の範囲（下図では20m）にある建物は、道路斜線の下に収まらなければならないというルールが「道路斜線制限」です。この場合、基準となる容積率と適用を受ける距離については、建築基準法の別表第三に記載されています。下図の場合は、道路斜線から上空に突き出した部分（Oの部分）が制限を超えていることになります。

なお、道路斜線制限には緩和措置があり、たとえば道路境界線から後退して建物を建てた場合、後退した距離分だけ前面道路の反対側の境界線も離れたとみなすことができます。また、建築物の前面道路が２つ以上ある場合などの特例もあります。

■ 道路斜線による制限

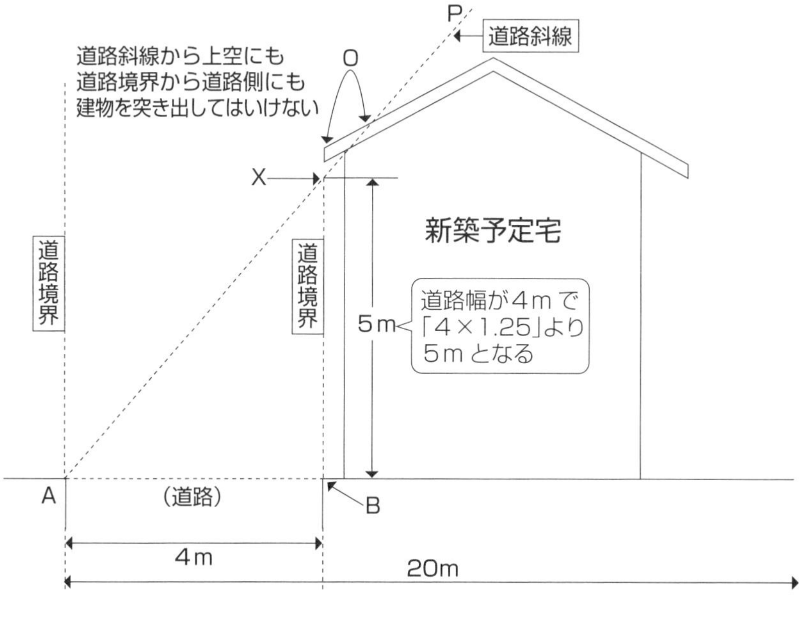

Question 26

建築物の高さ制限には、道路斜線制限の他に、隣地斜線制限や北側斜線制限というものがあるようですが、どのような制限なのでしょうか。

Answer 隣地間で近接した建物の通風や日照確保、北側にある隣地の日照確保がねらいです。

建物の日照や通風を確保するために設けられた制限には、道路斜線制限の他、「隣地斜線制限」や「北側斜線制限」という種類のものも存在します。

隣地斜線制限とは、隣地間で近接した建物の通風や日照を確保するための高さ制限です。適用される用途地域は、第１種・第２種低層住居専用地域および田園住居地域を除く10種類の地域です。第１種・第２種低層住居専用地域については、より厳しい絶対高さ制限のルールがあるため、隣地斜線制限は適用されません。具体的には、住居系の地域では次ページの図ａのように、商業系・工業系地域では、建物の高さ31ｍを超える部分の傾斜が１：2.5の斜線の範囲に収まるように建築する必要があります。また、図ｂのような緩和もあります。

一方、北側斜線制限とは北側にある隣地の日照を確保するための高さ制限です。低層住居専用地域の場合、真北方向の隣地境界線について、地盤面から５ｍの高さを起点に傾斜が１：1.25の斜線の範囲に収まるように建築しなければなりません。また、中高層住居専用地域の場合、地盤面から10ｍの高さを起点に傾斜が１：1.25の斜線の範囲に収まるように建築しなければなりません。

ただし、北側の前面道路の反対側に水面・線路敷などがある場合や水面・線路敷などに接する場合には、前面道路の反対側の境界線や水面・線路敷に接する隣地境界線が、それらの幅の２分の１分だけ外側にあるものとみなされるなど、一定の場合に北側斜線制限を緩和する措置も認められています。

■ 隣地斜線制限のイメージ

住居系地域（図a）

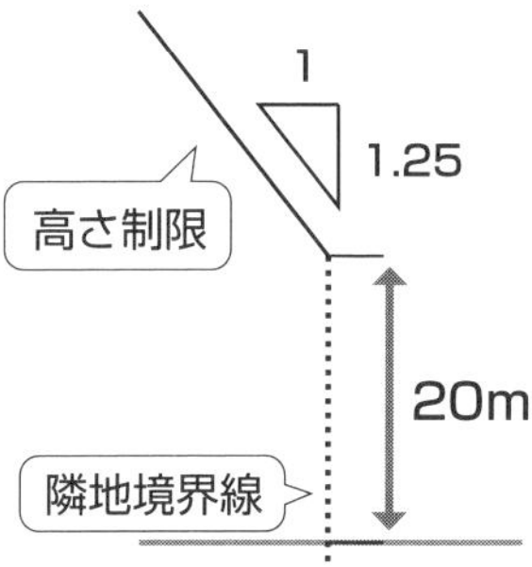

後退した場合の緩和（図b）

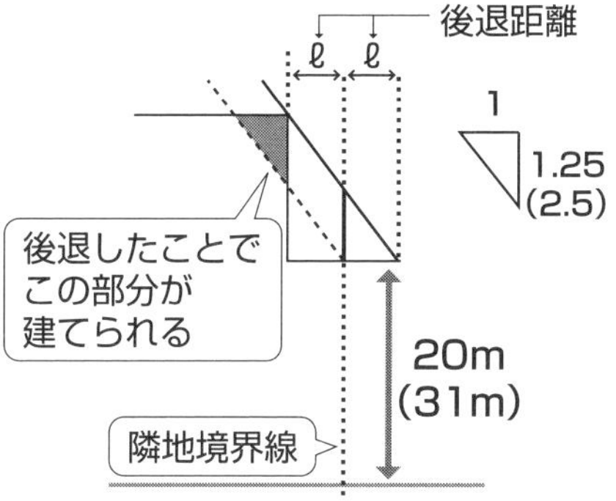

■ 北側斜線制限のイメージ

第1種・第2種
低層住居専用地域

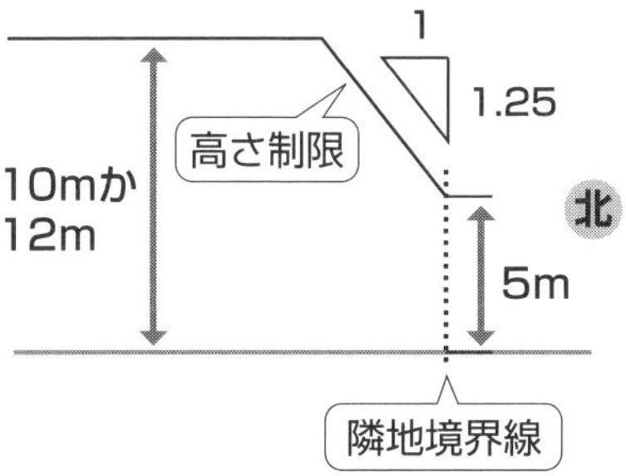

第1種・第2種
中高層住居専用地域

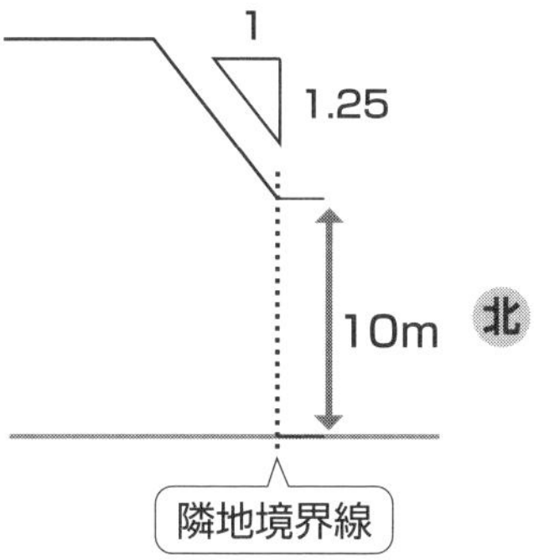

Q27 Question 中高層建築物により日影が生じてしまうことについて、法律上、何らかの制限が課されているのでしょうか。

Answer 建築基準法により日影規制が設けられ、建築物による日影の量が制限されています。

日影規制は、中高層建築物によって日影が生じる時間を制限し、周囲の敷地にある建築物が一定の日照時間を確保できるようにする規制です。日影規制は、建物の形態を直接に規制するわけではありません。

建築物の周辺に生じる日影を規制することで、間接的に建築物の形態を規制しています。日影規制は、全国一律に適用されるものではありません。地方の気候や風土にあわせて、都道府県や市町村などの地方公共団体が条例によって日影時間を指定します。

たとえば、第１種低層住居専用地域に存在する軒の高さが７ｍを超える建築物（または地上３階以上の建築物）で、平均地盤面からの高さが1.5ｍの場合には、基準地点の水平面において原則として３時間以上日影を生じさせてはいけません。敷地境界線からの水平距離が10ｍを超える場合には、日影時間はより短くなければならず、原則として２時間以上の日影を生じさせてはいけません。

なお、商業地域、工業地域、工業専用地域、高層住居誘導地区、都市再生特別地区は日影規制の対象外です。日影を測定するのは、最も日照時間が短い冬至の日になります。対象となる測定時間は、午前８時から午後４時までの８時間の間です。

Question 28

隣のマンションが適法に建築された建物かどうか不安です。違法建築を防ぐための制度の内容や、実際に違法建築が行われた場合の対処法について教えてください。

Answer 建築基準法を順守させるための制度や、不服申立て制度が設けられています。

建物を建てる場合、建築基準法の基準に沿って建築する必要があり、建築基準法を守らせるための制度も設けられています。

まず、工事に取りかかる前に建築確認を受けなければなりません。建築確認とは、建築計画が建築基準に関連する法令違反がないかを行政の建築事務担当者に確認してもらうことです。違反がないことが確認されたら、確認済証の交付を受けます。

また、建物の設計については建築士によって行う必要があり、工事の実施にあたり建築士の資格を有する工事監理者を定めた上で、設計通りに行われているかを確認させなければなりません。

建築工事の完了時には、行政の建築事務担当者に対して申請を行い、建物が法令に適合しているかの検査を受けます。担当者は建物の検査を行い、建物が法令に適合したと確認できたら検査済証を交付します。原則として、検査済証の交付を受けなければ、新築した建物を使用することはできません。

また、前述の制度がありながら、なお違法な建物が建築されている場合に備え、違法な建築を是正する制度があります。たとえば、違法な建物が建築された場合、違法建築物の取り壊しや修繕をするように市町村長や都道府県知事から建築物の所有者・管理者に対して是正命令が発令されます。ただし、是正命令を出す場合、原則として違法な建物の所有者・管理者に反論の機会を与える必要があります。

それでも建物の所有者や管理者が是正命令に従わない場合は、行政自らが是正措置を実行します。たとえば、建物の取り壊し命令が出ているのに従わない場合、行政自らがその建物の取り壊しを行います。ただし、是正命令に従わない場合に必ず取り壊しなどが実行されるというわけではなく、軽微な違反の場合には行政自らが乗り出すことはありません。

●不服申立てをすることもできる

建築に関する行政の判断が誤っている場合には、不服申立てをすることができます。

不服申立てをする場合、まずは建築審査会に対して審査請求を行います。審査請求を受けた建築審査会は、行政機関の担当者らを出頭させた上で審査を行い、裁決を下します。そして、建築審査会が、「不服申立てに理由があり、行政の判断が誤っている」と結論付けた場合、建築審査会は関係する行政機関に対して処分の取消しや変更を行うよう命令します。たとえば、都道府県知事が建築基準法違反を理由に建物の所有者に是正命令を出し、所有者が違反はないと考えた場合、建物の所有者が建築審査会に不服申立てを行います。そして、建築審査会が、建物が建築基準法の違反はないと判断した場合、建築審査会が都道府県知事に対して是正命令を取り消すよう命令します。

一方、建築審査会が、行政の判断が正しく不服申立てに理由がないと結論付けた場合は、裁判所で行政訴訟を行います。審理内容は建築審査会における審査内容と同様で、行政の判断の正誤を裁判所で審理します。つまり、建築に対する行政の判断が法律に適合しているかを、建築審査会・裁判所双方が審理することになります。

第6章

空き家やその他日常生活をめぐる法律問題

Question 1 近所の飲食店から頻繁に発生する悪臭に苦しんでいます。どのような対処法があるのでしょうか。

Answer 受忍限度を超える被害があれば、悪臭の差止めや損害賠償請求をすることができます。

悪臭によって近所の住人が受忍限度を超える被害を受けているといえる場合には、悪臭を発生させている飲食店に対し、悪臭の差止めや損害賠償請求をすることができます。

どのような場合に受忍限度を超えるかという判断は明確ではありませんが、参考となるのが、飲食店などの事業者や工場から発生する悪臭に対する規制基準を定めた「悪臭防止法」という法律です。悪臭防止法は、一定数の人間の嗅覚によって臭いの濃度を測定し数値で表した「臭気指数」による規制を定めており、地方自治体は、臭気指数が一定数値以上になっており近隣住民の生活環境が損なわれていると認める場合、悪臭防止法に基づいて改善勧告や改善命令といった規制措置をとることになります。

そのため、悪臭防止法による臭気指数の数値が高い場合には、受忍限度を超えていると判断される可能性が非常に高いといえます。

ただし、悪臭防止法は、個人を規制対象としておらず、一般住宅から生じる悪臭については悪臭防止法では対処できませんので注意が必要です。個人が悪臭を発生させている場合でも、受忍限度を超える被害があれば悪臭の差止めや損害賠償請求ができますが、まずは警察や、都道府県・市区町村の公害苦情相談窓口に相談するようにしましょう。

Question 2 近所のAさんが嘘の噂や悪口、言いがかりなどで近隣の住民を誹謗中傷する行為を続けており、非常に困っています。法的な対処法はありますか。

Answer 名誉毀損またはプライバシー権侵害に基づく損害賠償請求をすることができます。

本ケースでは、Ａさんの誹謗中傷行為により、迷惑する近隣住民の権利が侵害され、名誉が毀損されているといえます。名誉が毀損された場合、被害者は、加害者に対して、民事上と刑事上の責任追及という２つの法的手段を検討することになります。これらの一方のみの責任を追及することも、両方の責任を追及することもできます。

まず、近隣住民は、Ａさんに対し、名誉毀損に基づく損害賠償請求をすることが可能です。また、Ａさんの広める話の内容が近隣住民のプライバシーに関わる内容（私生活上の事柄など、通常他人に知られたくないと思う内容）である場合は、プライバシー権の侵害と考えることもできます。

つまり、近隣住民としては、Ａさんに対し、Ａさんの行為が原因で精神的苦痛を受けたことについて名誉毀損またはプライバシー権侵害に基づく慰謝料の支払いを求める民事上の損害賠償請求をすることができます。また、Ａさんが嘘の噂や悪口などの誹謗中傷行為を続けている場合は、誹謗中傷行為の差止め請求も可能です。

Ａさんの刑事上の責任を追及する場合、Ａさんの行為は名誉毀損罪や侮辱罪という犯罪に該当しうるため、警察署に出向き加害者の行為を申し立て刑事告訴を行うことが必要です（親告罪）。

Question 3 公園のすべり台で子どもが遊んでいたところ、突然すべり台の階段が崩れて、子どもがケガをした場合、親は誰にどんな責任を追及することができますか。

Answer 保護者は公園を管理している自治体に損害賠償を請求できる可能性があります。

公園や道路、河川など（法律上は「公の営造物」と呼びます）の設置または管理に瑕疵（欠陥）があったことによって、他人に損害が発生した場合は、被害者は、これを設置・管理している国または公共団体に対して、その損害の賠償を請求することができます（国家賠償法２条１項）。ここでいう「瑕疵（欠陥）」とは、その物自体が通常有すべき安全性を欠いているということを意味します。また、この国または公共団体が負う損害賠償責任については、国または公共団体にその瑕疵（欠陥）について過失があることは必要ありません。本ケースでは、公園のすべり台の階段が突然崩れて子どもがケガをしていることから、このすべり台は通常有すべき安全性を欠いており、すべり台の設置・管理に瑕疵（欠陥）があったといえます。したがって、ケガをした子の親は、すべり台を設置・管理している国または地方公共団体に対して損害賠償請求をすることができます。

●国または公共団体の損害賠償責任の有無が問題となるケース

本ケースとは異なり、危険性の高い遊具を通常の方法で使用していた場合に損害が生じたケースでは、国または公共団体は損害賠償責任を負うのでしょうか。たとえば、公園に設置されている回転遊具で遊んでいた子どもが突然飛ばされて近くのベンチに激突して大ケガをしたというケースで考えてみましょう。このケースでは、この事情だけでは回転遊具の設置または管理に瑕疵（欠陥）があったということは難しいでしょう。ただし、他の地域で同様の事故が多発していた場合には、この回転遊具を設置・管理する国・公共団体は、事故が発生しないように安全を確保する措置を行うべきであったといえ、それを怠って今回のケガが発生した場合には、設置または管理に瑕疵（欠陥）があったといえ、国・公共団体は損害賠償責任を負うことになるでしょう。

次に、通常の使用方法を逸脱して公園の遊具で遊んでいた結果、子がケガをした場合はどうでしょうか。たとえば、ブランコを横に高く揺らして遊んでいた子どもが、ボランティアによってブランコ近くに最近設置された板に激突して転落してケガをしたケースで考えてみましょう。裁判所は、このように通常の使用方法を逸脱して異常な行動によって損害が発生した場合には、設置管理者としては責任を負うべき理由はないと判断しています。したがって、このケースでは、ブランコの設置または管理に瑕疵（欠陥）があったとは認められず、国・公共団体は損害賠償責任を負いません。

■ 地方公共団体が管理する遊具により事故が発生した場合 ……

ケース① 危険性の高い遊具を通常の方法で使用していた場合

- 回転遊具で遊んでいたら飛ばされて近くのベンチに激突して大ケガをした
- 他の地域で同様の事故が多発していた

⬇

結論

地方公共団体 → 他の地域で事故が多発していた事実を重視して安全確保に配慮すべき

親 → 国家賠償法２条１項に基づく損害賠償請求が可能

ただし、親が子を適切に監督・監視していなかった場合は過失相殺の可能性あり

ケース② 通常の使用方法を逸脱した遊び方をしていた場合

- ブランコを横に高く揺らして遊んでいたら近くの板に激突して転落し大ケガをした
- 板はボランティアが設置したものであり、もともとは存在しないものだった

⬇

結論

地方公共団体 → 通常の使用方法を逸脱した遊び方をすることまで予測できないから、国家賠償法２条の責任を負わない

親 → 国家賠償法２条１項に基づく損害賠償請求は認められない

Question 4

10歳の息子が、友達である同い年のA君と遊んでいる最中、A君にすべり台から突き落とされてケガをしました。A君の親に治療費などを請求できますか。

Answer

Ａ君の親が監督義務を怠っていたといえる場合には、損害賠償として治療費などを請求できます。

責任能力がない幼い子どもの両親などのように、その子どもを監督する法律上の義務を負う者（「監督義務者」といいます）は、その子どもが他人に加えた損害を賠償する責任を負います（民法714条１項本文）。ただし、監督義務者がその義務を怠らなかったときや、その義務を怠らなくても損害が発生するものであったときは、監督義務者は損害賠償責任を負わないとされています。

裁判所は、13歳程度から責任能力が備わっていると判断していますので、10歳のＡ君は責任能力がないといえます。そのため、Ａ君の親は、Ａ君の監督義務を怠らなかったときや、監督義務を怠らなくても被害者である子どもがケガをしたときを除いて、損害賠償責任を負うことになります。本ケースでは、Ａ君が友達をすべり台から突き落とした結果ケガをさせており、Ａ君の親としては、Ａ君が日頃から悪ふざけをしたり粗暴なところがあったにもかかわらずきちんと注意していなかったり、他の子どもにケガをさせたりしないよう見守っていなかったのであれば、監督義務を怠っていたと判断され、監督義務を怠らなければ被害は発生しなかったと判断されるでしょう。したがって、本ケースでは損害賠償として治療費などを請求できるといえます。

Question 5

失火によって隣人の自宅を全焼させてしまいました。この場合、常に損害を賠償する責任を負わなければならないのでしょうか。幼児である子の火遊びが原因だった場合はどうでしょうか。

Answer 失火について故意や著しい不注意がなければ、損害賠償請求をすることはできません。

失火によって他人の家を全焼させた場合、不法行為に基づく損害賠償責任が生じそうです。しかし、日本の家屋は木造が多く、延焼しやすい特徴があるため、失火によって多大な損害賠償責任をすべて負わせるのは不都合だと考えられていました。そこで、「失火の責任に関する法律」では、失火について、故意または著しい不注意（重過失）がなければ、第三者に与えた損害について賠償責任を負わないと定めています。

本ケースのようにたとえ隣人の自宅が全焼したであっても、失火者に故意または重過失がない限り、損害賠償責任を負いません。重過失がある場合としては、布など燃えやすいものを火気に近づけておくことや、ストーブの近くにガソリン等を置いておいた場合などが挙げられます。

これに対し、失火の原因が子どもの火遊びであった場合はどうなるのでしょうか。判例は、子ども（未成年）の失火によって損害を負った第三者に対して、その親が損害賠償責任を負うのは、子どもの監督について重過失が認められる場合に限るとしています。つまり、子の監督について重過失がなければ、失火による損害賠償責任は負いません。

Question 6
町内会の回覧板を届けに隣家のAさんを訪問した際、突然玄関先まで走ってきたAさんの飼い犬に咬まれてケガをしました。Aさんに治療費を請求することはできますか。

Answer 訪問者に事故が起きないよう配慮しなかった飼い主に過失がある場合には、損害賠償請求ができます。

動物の飼い主など、動物を占有している者や、占有者に代わって動物を管理している者は、その動物が他人に損害を加えた場合、その損害を賠償する責任を負います（民法718条1項本文）。

ただし、動物の種類および性質に従って相当の注意をもってその動物を管理していたときは、損害賠償責任を負わないとされています。Aさんのような犬の飼い主としては、たとえば、訪問者と飼い犬が接近しないよう、鎖でしっかりつないで、犬がいることを注意する立札を立てるなどの対応をすれば、相当の注意をもって管理しているといえるでしょう。

本ケースのAさんには、他人が訪問して通行することが予測される玄関先に飼い犬が自由に走って来れるようにしている点で、飼い主としての管理に落ち度があります。そのせいで訪問者がAさんの飼い犬に咬まれてケガをしたわけですから、Aさんは相当の注意をもって飼い犬を管理していなかったといえ、治療費などの損害を賠償する責任を負います。

なお、本ケースの被害者には犬に咬まれたことについて過失はなかったといえますが、被害者に過失があった場合には、過失相殺によって損害賠償額が減額される可能性があります。

Question 7 空家対策特別措置法はどんな法律なのでしょうか。

Answer 空き家の適切な管理や活用を促進するために制定された法律です。

空き家の適切な管理や活用を促進などを目的として、平成27年(2015年) 5月に「空家等対策特別措置法」(「空家等対策の推進に関する特別措置法」) が全面的に施行されました。

空家等対策特別措置法は、国や地方公共団体が所有または管理するものを除いて、居住その他の使用がなされていないことが常態化（1年以上）している建築物やその敷地などを「空家等」と定義しています。そして、空家等の所有者または管理者の責務として、周辺の生活環境に悪影響を及ぼさないよう、空家等の適切な管理に努めることや、市町村の責務として、空家等対策計画の作成やこれに基づく空家等に関する対策の実施、その他の空家等に関する必要な措置を適切に講ずるよう努めることを定めています。また、市町村は、空家等の所在や所有者または管理者の把握などのために、空家等へ立入調査をすることができるとされています。

その上で、空家等対策特別措置法は次のように「特定空家等」へのさまざまな対応を定めています。

●「特定空家等」とは

空家対策特別措置法では、空家等のうち、①そのまま放置すれば倒壊等著しく保安上危険となるおそれのある状態のもの、②そのまま放置すれば著しく衛生上有害となるおそれのある状態のもの、③適切な管理が行われていないことにより著しく景観を損なっている状態のもの、④その他周辺の生活環境の保全を図るために放置することが不適切である状態にあると認められるもののうちいずれかに該当する空家等を、「特定空家等」と定義しています。

●特定空家等の固定資産税について

不動産の所有者には固定資産税が課せられます。とくに建物については、居住している所有者だけでなく、空き家のように居住していない不動産であっても、その所有者には固定資産税が課せられます。固定資産税には「住宅用地特例」（住宅用地の特例措置）という優遇措置があり、住宅用地の固定資産税額が、200㎡以下の部分（小規模住宅用地）は6分の1に、200㎡を超える部分（一般住宅用地）は3分の1に、それぞれ軽減されます。

ただし、次で説明するように、特定空家等について勧告を受けると、固定資産税の住宅用地特例の適用がなくなり、固定資産税の減税措置を受けることができなくなります。

●特定空家等には助言・指導や勧告・命令、代執行ができる

空家対策特別措置法では、市長村長は、特定空家等の所有者または管理者に対し、当該特定空家等に関し、その除却、修繕、立木竹の伐採、その他周辺の生活環境の保全を図るために必要な措置をとるように、助言または指導をすることができると定められています。

この助言・指導に従わないときや、特定空家等の状態が改善されないときは、市町村長は、相当の猶予期限を付けて、除却、修繕、立木竹の伐採その他周辺の生活環境の保全を図るために必要な措置をとることを勧告することができます。この勧告を受けると、その特定空家等に関する敷地について、それ以前に適用されていた固定資産税の住宅用地特例の対象から除外され、固定資産税の減税が解除されることになってしまいます。

さらに、この勧告を受けた者が正当な理由なくその勧告に係る措置をとらなかった場合は、市町村長は、とくに必要があると認めるときは、その者に対し、相当の猶予期限を付けてその勧告に係る措置をとることを命令することができます。この命令に違反した場合、50万円以下の過料に処せられることになります。

この命令に従わない場合や、命令に対応したものの不十分な場合、あるいは期限までに対応が完了しない場合には、代執行（行政代執行・略式代執行）の手続きによって、市町村長は、所有者や管理者の代わりに建物の除去などを行います。この際にかかった除去費は所有者や管理者が負担することになります。

●令和５年改正の内容

空家等対策特別措置法によって空き家の増加に歯止めがかかることが期待されましたが、依然として空き家の増加は止まらず、特定空家等への対応策を定めただけでは十分な対策とはなりませんでした。そこで、令和５年（2023年）６月に、空家等対策特別

■ 特定空家等についての手続きの流れ

特定空家等
①倒壊等の著しい保安上の危険のおそれがある状態
②著しく衛生上有害となるおそれのある状態
③適切な管理がされておらず著しく景観を損なっている状態
などの空家等

▶ 【助言・指導】
所有者に適正な管理を求める

▶ 【勧告】
固定資産税の減税措置が解除される

▶ 【命令】
改善命令
（違反すると50万円以下の過料）

▶ 【代執行】
・市区町村による除去など
・費用は所有者等が負担

措置法が改正され、同年12月13日から施行されることになりました。この改正法は、空き家の「活用拡大」「管理の確保」「特定空家の除去等」の３つの観点から対応を強化しています。主なポイントは次のとおりです。

① 活用拡大

新たに「空家等活用促進区域」制度が創設され、市区町村が「空家等活用促進区域」や活用指針を定めることができるようになりました。これにより、区域内の空き家については建築基準法等で定められている接道規制や用途規制が緩和されることになり、空き家の建て替えや用途変更の促進が見込まれることになりました。

② 管理の確保

新たに「管理不全空家等」についての規定が創設され、市区町村長は「管理不全空家等」に対し、管理指針に即した措置をするよう指導・勧告し、勧告を受けた「管理不全空家等」の敷地は固定資産税の住宅用特例（６分の１に減額））が適用されないことになりました。「管理不全空家等」とは、空家等が適切な管理が行われていないために、そのまま放置すれば「特定空家等」に該当することになる可能性がある状態にある空き家のことです。

これによって、現在は「特定空家等」に指定されていなくても、そのまま放置すれば「特定空家等」になるおそれがあると判断された場合には、その空き家は「管理不全空家等」として、固定資産税が大幅に上がってしまうことになります。

③ 特定空家の除去等

特定空家等への勧告や命令等を円滑に行うために、市区町村長に、特定空家等の所有者等に対する報告徴収権が付与されました。また、特定空家等に対する命令等の事前手続きを経る暇がない緊急時の代執行制度が創設され、さらに、財産管理人の選任請求権を市区町村長へ付与されました。

Question 8 空き家にはどのくらいの税金や費用がかかるのでしょうか。

Answer 空き家を維持するには修繕や管理費用、固定資産税などが必要です。

空き家の不動産的価値を維持するためには、一定の費用が必要になりますが、それ以外にも「特定空家等」に指定されてしまうと、固定資産税の負担が大きくなり、場合によっては住宅として実際に住んでいる建物より6倍大きくなることもあります。適切な管理費をかけて、空き家のコンディションを整えておくことは、固定資産税を節税する上でも欠かせないことになります。

一般的に家屋は、人が居住していない場合の方が傷みやすいといえます。空き家の外壁が傷んでいればリフォーム会社にリフォームを依頼する必要があります。水道管から水漏れしている場合には、水道会社にメンテナンス料を支払って、修理等を依頼する必要があります。さらに、電気料金に関しては、一般家庭では、固定の基本料金に加えて、電力使用量に応じた電気料金を支払うことになります。また、水道料金やガス料金についても、通常は基本料金と使用量に応じた料金が生じます。

つまり、空き家を維持していくために、供給契約を継続するかどうかの判断が必要になります。ほぼ常時、通電が必要な電気設備等がなければ、解約することも選択肢として検討するべきでしょう。しかし、照明等の他にも定期的に給湯器や浄化槽のポンプ等の稼働が必要な場合には、電気などの供給契約は解約しないことが賢明だといえます。

●どんな税金がかかるのか

空き家を所有していれば居住していなくても固定資産税などの税金がかかります。また、都市計画法の市街化区域内にある土地や家屋などでは都市計画税も課税されます。年の途中で不動産を売却しても１月１日時点の所有者がその年の固定資産税などを納付する義務があるため、不動産売買の実務では、売主と買主の間で不動産売買時点からその年の12月31日までの期間は買主側が負担するものとして「固都税」（固定資産税と都市計画税）の精算をすることもあります。

親が住んでいた住宅を相続して空き家のまま保有する場合もあるでしょう。相続に際しては相続税がかかりますし、生前に贈与する場合には贈与税がかかります。贈与で不動産を取得した際には不動産取得税がかかる他、相続や贈与に伴う名義変更（所有権移転に伴う登記）をする場合には登録免許税がかかります。

空き家を第三者に売却する場合には所得税（および復興特別所得税）と住民税がかかります。所得税と住民税は、不動産の売却価額から取得費（購入したときの原価）、譲渡費用（売却するときの諸経費など）、特別控除（要件を満たす場合の定額の控除）などを差し引いた「譲渡所得」に税率を掛けて計算します。同じ不動産であっても税率は所有期間により異なり、５年超所有している場合には、５年以内に売却する場合と比べて所得税、住民税とも税率が約半分に優遇され、10年超所有している場合には税率がさらに優遇されます。また、不動産の所有期間の長短に関係なく譲渡所得から最高3,000万円まで控除ができる特例があります。

ただし、住まなくなって３年内に売却するなどの要件があるので注意が必要です。なお、計算の結果「譲渡所得」がマイナスとなる場合には、とくに税金はかかりません。

Question 9 空き家対策に自治体はなぜ補助金を出すのでしょうか。

Answer 空き家の倒壊など近隣の住民に悪影響を及ぼす可能性があるからです。

地方自治体は、特定の行政目的を果たすという公益的理由がある場合には、私人に対して補助金を交付することができます。

空き家対策は、単に不動産の効率的な利用という面から必要性が指摘されているわけではありません。空き家状態の継続により、建物が老朽化などすることで、倒壊や犯罪に利用されるおそれがあり、近隣住民に対して悪影響を及ぼしかねないため、「空家等対策の推進に関する特別措置法」に基づき、国政上の課題であると認識されています。そのため、地方自治体では、住民による空き家の除却や活用に対して補助金を支出するという支援に取り組むケースが多くなってきました。

■ 空き家に関する補助金など

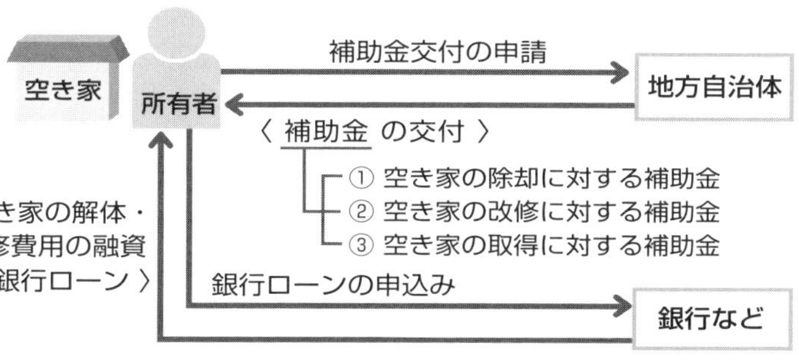

10 Question
空き家を除去・活用する際には、どのようなことを相談したらよいのでしょうか。

Answer いずれの場合にも自治体にどのような補助金などの支援があるか聞いてみましょう。

国や自治体が行う空き家対策は、大きく分けると、空き家を除却するか、または活用するかの２つに分けられます。ただ、空き家は自治体が所有する物件ではないため、原則として所有者である住民の意向を無視して、空き家の除却や活用をすることはできません。そこで、住民による空き家の除却や活用に対して自治体が補助金を支出する、という形で空き家対策を進めているわけです。

具体的に、どのような場合に補助金が支出されるかは、各自治体によってさまざまですが、空き家の除却・活用をする前に相談するのが一般的です。補助金を活用して空き家の除却・活用をする際は、必ず「事前に」自治体に相談しましょう。

●寄附などの方法をとることは可能なのか

空き家の活用方法として、売却や賃貸などによる活用が困難な場合の手段として、①建物に文化財的価値（歴史的価値）がある場合、②修繕または増改築をすれば公共施設として利用できる場合、③除却をすれば公園や避難場所として利用できる場合は、自治体に対して空き家を寄附することも検討の余地があります。ただしこの場合は、空き家を解体して更地に戻すという負担があることを忘れてはなりません。

しかし、空き家が増え続けている現状を考慮すると、自治体が空き家の寄附に応じる可能性は低いといわざるを得ません。また、空き家の寄附を受け入れると、以降は自治体がその空き家（敷地を含む）から固定資産税や都市計画税などの税金を徴収できなくなり、税収の減少につながることも、自治体が空き家の寄附に応じない理由のひとつであると考えられます。自治体によっては状況により寄付を受け付けてくれる場合もありますが、現状では空き家の寄附は困難だと考えておくべきでしょう。

●空き家の管理が難しい場合

まず自治体に相談してみましょう。各自治体には空き家に関する相談窓口が置かれており、専門の相談員を配置している自治体もあります。相談窓口では、空き家対策の全般に関する相談を受けつける他、相談者の希望に応じて業界団体を紹介することも行っています。たとえば、空き家の売却や賃貸を検討する場合は不動産業者の団体（宅地建物取引業協会など)、解体を検討する場合は解体業者の団体（建造物解体業協会など)、空き家が周辺住民に及ぼす悪影響の解決は専門士業の団体（建築士会、行政書士会）のように、各都道府県に設置された業界団体が相談に応じています。空き家は放置すると周辺住民とトラブルになりますので、相談や財政支援など自治体のサポートをうまく活用しましょう。

●空き家管理の専門業者も存在する

近年は、民間企業やNPO法人などが空き家問題発展への予防策として空き家の管理業務を請け負うサービスを行っており、増加傾向にあります。専門業者なので管理についてはしっかりとしてもらえますし、手間がかからないというメリットがありますが、費用がかかるというデメリットもあります。管理業務の内容にもよりますが、費用は1か月約5,000円から10,000円程の業者が多いようです。また、定期的に管理内容を報告してもらうようにすると安心です。

空き家の管理業務は主に、①室外に関する管理、②室内に関する管理、③周辺に関する管理の３種類があります。

①　室外に関する管理

塗装や外壁仕上げなどのメンテナンス、庭木の確認、ドアや窓などの開口部施錠確認、ポスト（郵便物）整理などがあります。空き家の所有者から鍵を預かる必要がないので、供給業者も多く、利用しやすいサービスといえます。

②　室内に関する管理

通期管理や雨漏り確認、清掃、通水に至るまで、住人がいなくても、それに近い管理が維持できるよう支援するサービスです。鍵を預ける必要がありますが、室外に関する管理を委託する業者に付加サービスとして委託するケースが多いようです。

③　周辺に関する管理

業者によってさまざまな内容のサービスを提供しています。周辺住民に迷惑がかかっていないかのチェックや、侵入形跡がないかなどの異常チェック、建物の修繕手配、入居者を募集する業務、転貸借契約の仲介、入居前チェックなど、多岐にわたります。

■ 空き家の除却・活用に関する自治体などのサポート …………

自治体に相談	・専門の相談員を配置する自治体もあり ・空き家対策全般の相談と業界団体の紹介
業界団体に相談	・売買や賃貸の場合は不動産業者の団体に相談 ・除却の場合は解体業者の団体に相談
空き家バンク	・空き家の売買や賃貸の相手を無料で引き合わせる ・自治体または自治体の委託を受けた団体が運営
空き家再生等推進事業	・国土交通省による空き家対策をする自治体を支援 ・除却事業タイプと活用事業タイプがある ・タイプに応じて所定の国費補助を自治体に行う （この国費補助が自治体を通じて住民に渡る）

Question 11 空き家問題への対応としての代執行について教えてください。

Answer 空家対策特別措置法では、行政代執行と略式代執行の方法が定められています。

代執行とは、ある人（義務者）が、他人が代わりに行うことができる一定の行為を履行する義務を負っているにもかかわらずその義務を履行しない場合に、行政が、その義務者がすべき行為をし、または第三者にこれをさせ、その履行に要した費用を義務者から徴収する制度です。

●空き家対策特別措置法による代執行

空家対策特別措置法は、特定空家等に対する措置として、次のように「行政代執行」と「略式代執行」という２つの方法によって、特定空家等の除去等を行うことを可能とする手続きを定めています。

①　行政代執行

空家対策特別措置法は、特定空家等の所有者等に対して、当該特定空家等の除却や修繕、立木竹の伐採、その他周辺の生活環境の保全を図るために必要な措置をとるよう助言または指導をすることができると定めています。また、市町村長は、この助言または指導をした場合に、なおも当該特定空家等の状態が改善されないときは、助言または指導を受けた者に対して、相当の猶予期限を付けて、除却、修繕、立木竹の伐採その他周辺の生活環境の保全を図るために必要な措置をとることを勧告することができると定めています。

そして、市町村長がこの必要な措置を命じた場合において、ⓐ命ぜられた者がその措置を履行しないとき、ⓑ履行しても十分でないとき、ⓒ履行しても猶予期限までに完了する見込みがないとき、のいずれかに該当するときは、市町村長は自ら義務者のなすべき行為をし、または第三者にこれをさせることができるとしています。これが、空家対策特別措置法における代執行のうち、「行政代執行」の方法です。

② 略式代執行

市町村長が前述の必要な措置を命じようとする場合において、過失がなくてその措置を命ぜられるべき者を知ることができないときは、市町村長は、その者の負担によって、その措置を自ら行い、またはその命じた者や委任した者に行わせることができます。これが、空家対策特別措置法が定める代執行のうち、もう１つの「略式代執行」の方法です。

③ 行政代執行と略式代執行の違い

行政代執行は、特定空家等の所有者または管理者が判明している場合にのみ行うことができます。しかし、特定空家等の所有者や管理者が不明である特定空家等も存在します。略式代執行は、このように、市町村長が過失なく特定空家等の所有者や管理者を知ることができない場合に代執行を行うことを可能とする手続きです。

■ 空家対策特別措置法に基づく行政代執行と略式代執行 ………

行政代執行	特定空家等の所有者または管理者が判明している場合にのみ行うことができる代執行
略式代執行	市町村長が過失なく特定空家等の所有者や管理者を知ることができない場合に行うことができる代執行

Q12 Question 所有者が不明の土地について、さまざまな制度の見直しや新たな制度の創設が行われたようですが、どんな内容なのでしょうか。

Answer 不動産登記制度の見直しや、土地を手放すための制度が創設されました。

相続登記がされないこと等を原因として、①不動産登記簿によって直ちに判明しない土地、または②所有者は判明するものの、その所在が不明のため連絡がつかない土地を、「所有者不明土地」といいます。

少子高齢化や人口減少が進む日本においては、相続の増加や土地利用ニーズの低下、土地の所有意識の希薄化などによって、「所有者不明土地」が増加しており、今後もますます深刻になるおそれがあります。所有者不明土地は、土地開発事業の実施の際における土地の所有者の探索に非常に時間や費用がかかり、公共事業や復旧・復興事業が円滑に進まないなどのデメリットがあります。また、所有者によって適切な管理がされず放置され、土砂の崩落などの周辺住民への危険や害虫の発生などの悪影響の原因となります。

このような所有者不明土地の増加に伴う問題を解消するために、令和３年４月21日に「民法等の一部を改正する法律」及び「相続等により取得した土地所有権の国庫への帰属に関する法律」が成立しました。これらの法律では、主として所有者不明土地の発生の予防と、すでに発生している所有者不明土地の利用の円滑化の両面から、さまざまな見直しや制度の創設が行われ、段階的に順次施行されています。

詳しくは次ページ以降で説明しますが、主な内容としては以下のようなものがあります。

① 不動産登記制度の見直し（208ページ）

所有者不明土地の発生を防ぐために、これまで任意だった相続登記の申請や、住所等の変更登記の申請が義務となり、あわせてこれらの登記申請手続きが簡素化・合理化されました。また、相続人申告登記制度や所有不動産記録証明制度といった新たな制度も創設されました。

② 相続土地国庫帰属制度の創設（205ページ）

所有者不明土地の発生を防ぐために、相続等によって土地の所有権を取得した相続人が、一定の手続きによってその土地を手放して国庫に帰属させることができるようにする、「相続土地国庫帰属制度」が創設されました。

③ 土地利用に関連する民法のルールの見直し（次ページ）

土地や建物を効率的に管理することができるようにするために、土地・建物に特化した財産管理制度が新たに創設されました。また、不動産の共有制度の見直しや、遺産分割に関する新たなしくみの導入、相隣関係の見直しなども行われています。

■ 所有者不明土地を解消するための制度

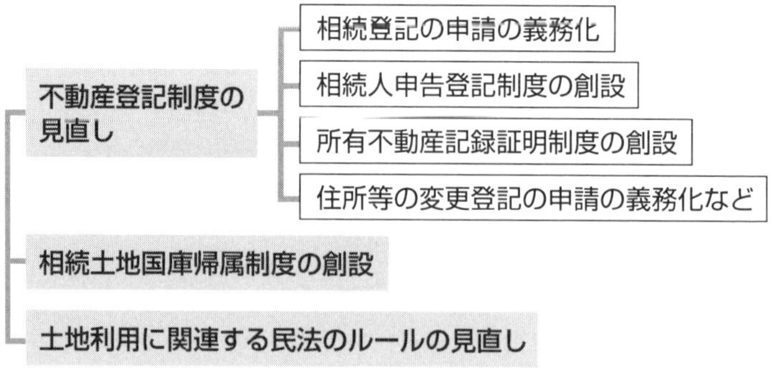

13 Question 土地利用に関連する民法ルールの見直しについて教えてください。

Answer 所有者不明土地の解消などのため、不動産に関するルールが大きく変わりました。

土地利用に関する民法のさまざまなルールについて、以下のような創設・見直しが行われており、令和５年４月１日から施行・実施されています。

①　土地・建物に特化した財産管理制度の創設

所有者不明土地・建物や、管理不全の状態にある土地・建物について、効率的な管理を行うために、所有者が不明の土地・建物または所有者による管理が適切にされていない土地・建物を対象として、これらの管理に特化した財産管理制度が新たに設けられました（新民法264条の２～264条の14）。

②　共有制度の見直し

共有とは、１つの物を数人が同時に所有することをいいます。相続などによって不動産が複数の人が所有する共有状態にある場合、所在等が不明な共有者がいると、共有者間でその不動産の利用に関する意思決定をすることができない点や、その不動産を処分することができず公共事業や民間取引を阻害するという点が問題となっていました。そこで、共有物の利用や共有関係の解消を行いやすくするために、共有制度全般についてもさまざまな見直しが行われました。

具体的には、共有物について軽微な変更をするために必要な要件が緩和され、これまでは共有者全員の同意が必要でしたが、持分の過半数で決定することが可能になりました。

また、所在等が不明な共有者がいる場合、他の共有者は、地方裁判所に申し立て、その決定を得ることで、残りの共有者の持分の過半数で管理行為を行うことや、残りの共有者全員の同意で変更行為を行うことが可能になりました。

さらに、共有物を利用しやすくするための見直しとして、所在等が不明な共有者がいる場合、他の共有者は、地方裁判所に申し立て、その決定を得ることで、所在等が不明な共有者の持分を取得することや、その持分を含めて不動産の全部を第三者に譲渡することができるようになりました。

③　遺産分割に関する新たなルール

所有者不明土地の利用の円滑化を図るその他の方策として、被相続人が死亡して相続が開始されてから10年を経過した後にする遺産分割については、原則として、具体的相続分を考慮せずに、法定相続分または指定相続分によって画一的に行うことになりました。

④　相隣関係に関するルールの見直し

さらに、隣地を円滑・適正に使用することができるようにする観点から、相隣関係に関するルールのさまざまな見直しが行われています。

たとえば、電気やガスなどのライフラインを自己の土地に引き込むために、必要な設備を他人の土地に設置する権利や、他人の所有する設備を使用する権利があることが明らかにされました。また、このような設備の設置や使用のために、事前の通知や費用負担などに関するルールも整備されています。

14 Question 土地を手放すための制度（相続土地国庫帰属制度）が創設されたとのことですが、この制度について教えてください。

Answer 一定の土地について法務局へ申請し、承認を受ければ負担金などを納付して国庫へ帰属させることができる制度です。

人口の減少や少子高齢化に加え、都市部への人口移動を背景として、近年土地の需要が低下し、土地所有の負担が増加していることから、相続された土地が所有者不明土地となっている事態が急増しています。

そこで、所有者不明土地の発生を予防するために、相続等によって土地の所有権を取得した相続人が、法務局で一定の手続きをすることによって、法務大臣の承認により土地を手放して国庫に帰属させることを可能とする制度が新たに創設されました。この制度は、令和５年（2023年）４月27日から施行されています。

相続や遺贈によって土地の所有権を取得した相続人であれば、この相続土地国庫帰属制度の利用を申請することができます。申請後、法務局職員等によって書面審査や実地調査が行われます。売買等によって任意に土地を取得した場合や、法人の場合は、この制度の対象外ですので注意が必要です。また、複数人が共有している土地の場合には、相続や遺贈によって持分を取得した相続人を含む共有者全員で申請することが必要となります。

ただし、相続土地国家帰属制度では、どのような土地でも国が引き取ってくれるというわけではなく、以下のような通常の管理または処分をするにあたって過大な費用や労力が必要となる土地については対象外です。

① 建物、工作物、車両等がある土地
② 土壌汚染や埋設物がある土地
③ 危険な崖がある土地
④ 境界が明らかでない土地
⑤ 担保権などの権利が設定されている土地
⑥ 通路など他人による使用が予定される土地

●手続きの流れ

まず、相続等によって土地を取得した相続人や、共有者全員が、承認申請を行います。申請は、申請書と添付書類を提出する他、審査手数料の納付が必要となります。

申請の後、法務大臣（法務局）によって、書面審査や実地調査などの要件審査が行われ、要件を満たす場合は法務大臣が承認します。国庫への帰属について承認があった場合、負担金の額が申請者に通知され、10年分の土地管理費に相当する額を負担金として納付する必要があります。

■ 相続土地国庫帰属制度の手続きの流れ ……………………………

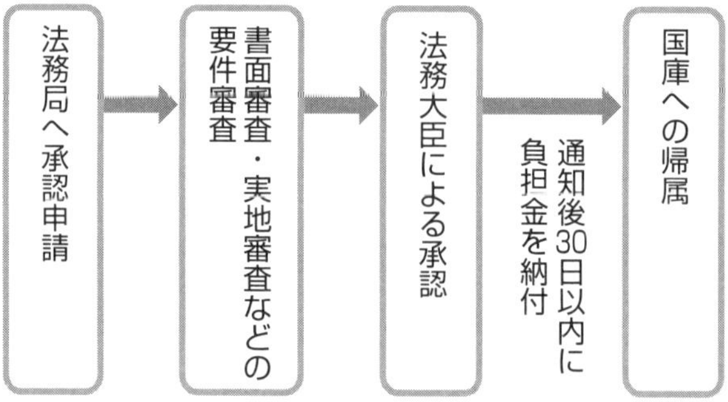

第7章

トラブル解決のための法的手段や手続き

不動産登記制度の見直し

相続登記の申請の義務化

相続が発生したにもかかわらず相続登記がされない原因としては、これまで相続登記の申請は任意とされていたこと、および、申請をしなくても相続人が不利益を被ることが少なかったこと、さらには、相続した土地の価値が低く売却が困難であるようなケースでは手間や費用をかけて相続登記の申請をする意欲がわきにくいことが挙げられていました。

そこで、所有者不明土地の発生を予防するために、相続登記の申請が義務化されることになりました。

具体的には、相続（遺言も含みます）によって不動産を取得した相続人は、その不動産の所有権を取得したことを知った日から３年以内に、相続登記の申請をしなければならないことになりました。また、相続人の間で遺産分割の話し合いがまとまった場合は、遺産である不動産を取得した相続人は、遺産分割が成立した日から３年以内に、その遺産分割の内容に沿った登記を申請しなければならないことになりました。正当な理由がないのにこれらの申請義務に違反した場合、10万円以下の過料に処せられることになります。

なお、相続登記の申請が義務化されるのは、令和６年４月１日からです。

相続人申告登記制度の創設

不動産の所有者が亡くなった場合、その相続人の間で遺産分割の話し合いがまとまるまでの間は、その不動産はすべての相続人が法律で決められた持分（法定相続分）の割合で共有する状態になります。このような不動産の共有状態を反映した相続登記を申請する場合、法定相続人の範囲や法定相続分の割合を確定する必要があります。そのため、戸籍謄本などを取得して、すべての相続人を把握することが必要となり、時間やコストの面で負担となっていました。

そこで、相続登記の申請をより簡易に行うことができるようにするしくみとして、相続人申告登記の制度が新たに設けられました。この制度は、①登記簿上の所有者について相続が開始したこと、および②自分がその相続人であることの２点を登記官に申し出ることによって、申出をした相続人の氏名や住所等が登記され、相続登記の申請義務を果たすことができます。この申告登記制度では、各相続人の持分の割合までは登記されないため、すべての相続人を把握するための資料は不要であり、申告をする人が相続人であることがわかる戸籍謄本等の提出のみでかまいません。

この相続人申告登記制度は令和６年４月１日から施行・実施されます。

所有不動産記録証明制度の創設

登記官において、亡くなった親などの特定の被相続人が登記簿上の所有者として記録されている不動産をの一覧をリスト化して、証明する制度が新たに設けられました。これにより、亡くなった親の不動産がどこにあるのかを容易に調べることが可能となり、相続登記をしなければならない不動産を把握することが容易になりました。この制度は、令和８年４月までに実施されることになっています。

・住所等の変更登記の申請の義務化など

これまでは、住所等の変更登記の申請は任意であり、申請をしなくても所有者自身が不利益を被ることが少なかったこと、転居等のたびにその所有不動産について住所等の変更登記をするのは面倒であることから、登記簿上の所有者の氏名や住所が変更されてもその登記がされませんでした。そこで、所有者不明土地の発生を予防するため、住所等の変更登記の申請が義務化されることになりました。正当な理由がないのに住所等の変更登記の申請義務に違反した場合、5万円以下の過料に処せられることになります。

また、住所等の変更登記の手続の簡素化・合理化のために、登記官が、他の公的機関から取得した情報に基づいて職権で住所等の変更登記をするしくみが導入されることになりました。ただし、個人の場合には、住基ネットからの情報取得に必要な生年月日などの検索用情報の提供が必要となります。また、変更登記がされるのは本人の了解があるときに限られます。これらの制度は、令和8年4月までに実施されることになっています。

■ 相続登記・住所等の変更登記の申請の義務化 ……………………

	相続登記	住所等の変更登記
期 限	相続によって不動産の所有権の取得を知った日から3年以内	住所・氏名（名称）等の変更の日から2年以内
罰 則	正当な理由なく申請しない場合は10万円以下の過料	正当な理由なく申請しない場合は5万円以下の過料
関連する制度	・相続人申告登記制度 ・所有不動産記録証明制度 ・遺贈や法定相続分での相続登記がされた場合の登記手続の簡略化 ・登録免許税の軽減	登記官による登記名義人の住所・氏名（名称）の変更情報を不動産登記に反映させる制度
施行日	令和6年4月1日	令和8年4月までに施行※

※施行日については公布後5年以内の政令で定める日とされています（公布日は令和3年4月28日）。

境界の決め方

どのように決めるのか

隣地との境界は、目に見えるものではありません。そこで、境界があることを示すために、自然の道などの地形や、境界に石材などを埋め込むといった方法が利用されています。このように、境界を示すための標識のことを境界標といいます。

しかし、境界標がない場合は、登記所にある法14条地図・地積測量図・公図などの地図類（18ページ）を利用して境界を判断することになります。そして、それらの資料を基に、隣地所有者と協議して境界を確定することが多いでしょう。もっとも、地番（一筆ごとの土地ごとに振り分けられている番号のこと）と地番の境界は、公法上すでに決められており、協議によって決めることのできる性質のものではないとされています。このような境界を公法上の境界（筆界）といいます。また、公図は他の地図類よりも証明力が弱いことに注意を要します。公図は測量技術が未熟な時代に作成されたもので、土地が正確に表記されていないこともあるからです。最終的に、公法上の境界が定まった場合は、隣地所有者とともに筆界確認書（217ページ）を作成し、保管しておくとよいでしょう。

以上の方法によっても公法上の境界が定まらない場合は、筆界特定の申請をして登記官に公法上の境界（筆界）の特定をしてもらうか、裁判所に境界確定の訴えを提起することになります。

筆界特定制度は、土地の所有権登記名義人等（所有権の登記がある一筆の土地にあっては所有権の登記名義人、所有権の登記がない一筆の土地にあっては表題部所有者、表題登記がない土地にあっては所有者）の申請に基づき、筆界特定登記官が、筆界調査委員の意見をふまえた上で、筆界を特定する手続きです。

境界確定訴訟（229ページ）は、裁判所の判決を通じて境界を確定させる訴訟手続きです（確定させるのは公法上の境界です）。境界確定訴訟は通常の訴訟と性質が異なり、裁判所は、訴訟当事者の主張に拘束されず、あらゆる資料を参照して客観的に境界を定めます。したがって、訴訟当事者が全く主張していない場所が境界となることもあります。なお、隣接地が共有地である場合は、その共有者全員を相手に訴訟を提起する必要があります。共有者全員との間で統一的に境界を定めなければならないからです。

境界標の設置

自然の地形を境界標とする場合もありますが、通常は、石材を埋設する方法が利用されます。都市部のように住宅が密集し、境界標を地中に打ち込むのが困難な場合は、ブロック塀やコンクリートなどに直接打ち込める金属鋲で表示することもあります。境界標の設置は、最終的に登記と結びつくので、専門家である土地家屋調査士に相談・依頼するのがよいでしょう。境界の点や線は、境界標の頭部に記載されている記号により判断します。

境界標の設置費用は隣接地の所有者同士で平等に負担するのが原則であり、隣地所有者と協議しないで勝手に境界標の設置はできません。トラブルが生じないように、境界標の設置に際しては、関係者と第三者に立ち会ってもらうようにしましょう。設置について協力が得られず境界が確定しない場合は、前述した筆界特定制度や境界確定訴訟を利用せざるを得ません。

境界標の所有者

境界標は、その費用を支出した者の所有物となるため、隣接する土地の所有者同士が共同して設置した場合は、その共有物となります。単独所有を証明できない場合は、隣接地の所有者と共同で所有している（共有）と推定されます。

もっとも、境界は公的なもので各土地の区画線なので、これを不明にすることは許されません。境界標を損壊・移動・除去すると刑法で罰せられます（境界損壊罪）。自分が設置したものであっても同様です。本当の境界は別のところであると信じていても、境界標の損壊などについての処罰は免れません。

境界標をとりかえたいとき

境界標が木杭で腐食し、境界点が不明になったような場合は、境界標を交換する必要があります。境界標が、隣接地の所有者との共有である場合、その交換費用の半額を隣接地の所有者に請求することができます。この場合、隣接地の所有者と協議の上、境界標を交換すべきですが、協議することなく単独で交換することも可能です。

また、境界標が自らの所有物である場合も、単独で境界標を交換できます。この場合、その費用負担を隣接地の所有者に求めることも可能です。しかし、境界標が隣接地の所有者の所有物となっている場合は、境界標の交換を請求するのは困難です。

■ 境界標の設置や変更

境界標を設置するには？ →	自然の地形を利用する場合も あるが通常は石材を埋設する 費用は隣接所有者で平等に負担
境界標は誰のもの？ →	費用を支出した者が所有する
境界標をとり換えたいときは？ →	隣接地の所有者と協議する ただ単独で交換することも可能

隣が国有地の場合の境界の確定

境界確定で所有権の境となる境界（私法上の境界）は、当事者の合意による場合と所有権確認訴訟の判決による場合に確定します。また、地番の境の境界（公法上の境界）は、境界確定訴訟によって最終的に確定します。国有地も基本的には以上の方法によって確定します。

しかし、国有地には私有地とは異なる確定方法があります。国有地固有の確定方法は、国有財産法で定められています。国有財産法で定められている方法には、次の２つがあります。

その１つは、国有地に隣接する土地の持ち主が協議に応じない場合において、応じないことについて正当な理由がないときにとられる方法です。国有地に隣接する土地の持ち主が協議に応じない場合、問題となっている土地を管理している行政庁（各省各庁）の長は、一定の手続に沿って境界を決定し、決定した内容を国有地に隣接する土地の持ち主に通知します。通知を受けた隣接する土地の持ち主は、「通知内容に同意しない」という回答を当該行政庁の長に通告しなければ、同意があったものとみなされることになります。

もう１つは、協議に応じない隣接する土地の持ち主に対し、国有地の管理者が、場所と期日を定めた上で立会いを求める通知を出し、協議を求める方法があります。協議が成立すると、協議で明らかになった境界を書面に残すことで境界が確定されます。

以上のように、隣接地が国有地であっても、所有権確認訴訟や境界確定訴訟を起こすことができますが、さらに、国有財産法に基づく境界確定の協議により境界が確定されることもあります。

書式　境界合意書

境界合意書

○○○○（以下「甲」）と□□□□（以下「乙」）は、後記物件目録記載の甲所有のＡ土地と乙所有のＢ土地の境界について、以下のとおり合意に達した。

第１条（境界の確定）　甲及び乙は、Ａ土地及びＢ土地との境界を、別紙測量図中に記載したＸ地点とＹ地点を結んだ線であることを相互に確認し、これに合意する。

第２条（境界柱の設置）　甲及び乙は、相互に立会いの下、Ｘ地点及びＹ地点の双方に、境界柱を設置する。

２　前項の境界柱の設置費用は、甲及び乙が２分の１ずつ負担する。

第３条（囲壁の設置）　甲又は乙が、将来、ＸＹ間に囲壁を設置することを希望するときは、これを設置する。

２　前項の囲壁の材質については、甲及び乙は、協議してこれを決する。設置費用は、甲及び乙が２分の１ずつ負担する。

第４条（承継義務）　甲及び乙は、各々が所有するＡ土地及びＢ土地を第三者へ譲渡する場合は、当該第三者に対して、第１条に規定する境界の存在を告知し、本合意に基づく権利義務を承継させなければならない。

第５条（協議義務）　甲及び乙は、相互に、本合意に関して疑義が生じたときは、信義に従い誠実に協議して、これを解決しなければならない。

附則

甲及び乙は、各々本合意書に署名捺印し、各自１通を保管するものとする。

物件目録

A土地	所在	○○県○○市○○町○○番○
	地番	○番１
	地目	宅地
	登記簿上の地積	○○．○○㎡
	実測面積	○○．○○㎡
B土地	所在	○○県○○市○○町○○番○
	地番	○番２
	地目	宅地
	登記簿上の地積	□□．□□㎡
	実測面積	□□．□□㎡

令和○○年○月○日

（甲）　○○県○○市○○町○丁目○番○号

○○　○○　　　㊞

（乙）　□□県□□市□□町□丁目□番□号

□□　□□　　　㊞

書式　筆界確認書

筆　界　確　認　書

○○○○（以下「甲」）と○○○○（以下「乙」）は、以下に表示する土地の筆界につき、次のとおり確認した。

1　筆界を確認した土地の表示

甲所有地　○○県○○市○○町○丁目○番○　宅地　○○㎡

乙所有地　○○県○○市○○町○丁目○番○　宅地　○○㎡

2　筆界の状況

別紙測量図に記載

以上のとおり甲及び乙は、それぞれの筆界を確認したことを証するため、本確認書を２通作成し、各々１通を保有する。なお、上記土地を第三者に譲渡した場合は、互いに本確認書を譲受人に承継させるものとする。

令和○○年○月○日

（甲）　○○県○○市○○町○丁目○番○号

○○　○○　㊞

（乙）　○○県○○市○○町○丁目○番○号

○○　○○　㊞

通行地役権設定のための契約

契約書の作成ポイント

隣地を通行したい場合、通行できる権利がほしいだけ（通行以外に使用する予定がない）であれば、通行したい土地を賃借してもよいわけです。また、権利というほど強くなくても、単に通行を認めてもらえばよいこともあるでしょう。この場合、通行地役権を設定する必要はないのですが、あえて通行地役権という法律上の権利を得たいと考えるのであれば、契約を結ぶ際に「通行地役権」を設定する契約であることを明確にしておく必要があります。通行地役権を設定する契約を結ぶことで、隣地を通行できるという内容の権利を得ることになるからです。

契約書には「通行地役権設定契約書」(221ページ）と契約内容を的確に表現した表題をつけるとよいです。契約書の当事者は、要役地の所有者と承役地の所有者となるでしょう。通行地役権は、承役地となる土地（隣地）を、要役地となる土地（地役権を得る人の土地）の利益のために利用させてもらう、という土地同士の関係だからです。契約書には、当事者を明確に示す他、承役地と要役地がどの土地であるかを明確に示す必要もあります。さらに、通行するための道について、通行の内容（自動車の通行の可否など)、道の維持・管理の方法や、その費用の負担割合なども明確にしておきましょう。

通行地役権は、自分の土地（要役地）の利用のために、他人の土地（承役地）を通行できる地役権の一類型であり、一つの承役地に複数の通行地役権を設定できます。所有権に似た強い権利ですが、所有権とは異なる点もあります。

所有権が物を全面的・排他的に支配する権利であるのに対し、

地役権は承役地を通行できる権利です。所有権と同じく、通行地役権も登記（通行地役権設定登記）をしておけば、登記後に登場した第三者（承役地の譲受人など）に対して通行地役権を主張できます。ただ、通行地役権は、その対象となる土地を全面的・排他的に支配する権利ではなく、他の権利者と共存する形で土地を利用できる権利にとどまることが、所有権と異なります。所有権と異なり、通行地役権は他者を排除するほどの強力な権利ではなく、その性質も、他の権利と共存する形で発揮することが予定されているからです。

通行地役権設定契約の内容

221ページの「通行地役権設定契約書」の書式例をふまえて、通行地役権設定契約を解説します。通行地役権設定契約を締結し、契約内容を書面にする際には、後のトラブルを防止するため、必要事項を確実に記載しておくことが必要です。

まず、通行地役権を設定する際には、要役地と承役地を明確にしておく必要があります。多くの場合、「別紙記載の□□の土地」というように、別紙で詳細を示す方法によって土地の情報を記載します（第1条）。記載内容は登記記録（登記簿）に基づきます。このように土地の特定をはっきりさせておくことで、後のトラブ

■ 複数の通行地役権の設定

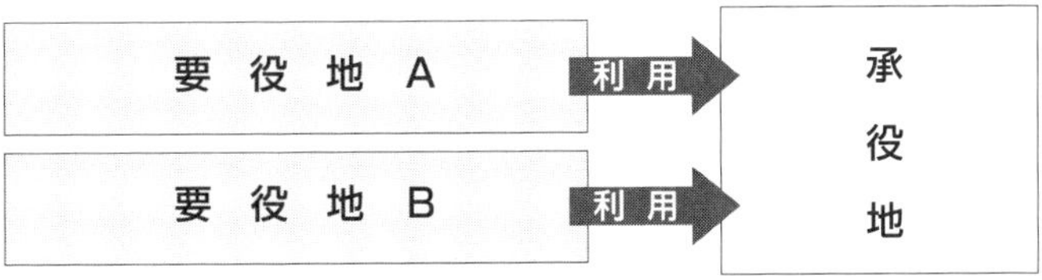

※要役地Aの所有者も要役地Bの所有者も、同じ土地を承役地として利用できる

ルを防止できます。
次に、通行地役権の存続期間を記載します（第7条）。期間を定めないで通行地役権を設定することも可能ですが、通常はあらかじめ存続期間を決めておきます。
また、通行地役権の対価も明記します（第3条）。対価の額（当事者の話し合いで決めた額、または近隣の相場などを基準にして裁判所が決めた額）、支払期日や支払方法（第4条）など、できる限り詳細な内容まで取り決めをしておきます。
その他、通行地役権設定契約の解除事由や解除をするための手続も定めます（第8条）。とくに対価の不払いを解除事由として定めることで、対価の支払いがないときにスムーズな契約解除が可能になります。なお、契約上の義務違反を解除事由とすることも多いですが、書式例では、その際の賠償請求についても記載しています。
書式例には挙げていませんが、必要があれば、通行の方法まで決めておきます。たとえば、自動車での通過を禁止し、徒歩または自転車でのみ通行してもらいたい場合は、その旨を契約書に記載します。
さらに、通行地役権設定契約を自動更新することを考えているのであれば、その旨を記載します。ただし、自動更新をせずに契約を終わらせることも視野に入れ、「契約を更新しない場合、契約満了日の○か月前までに通知をする」といった文言を入れておきます。

書式　通行地役権設定契約書

通行地役権設定契約書

承役地所有者○○○○を甲、要役地所有者○○○○を乙として、甲乙両者間において以下の通り、通行地役権設定契約を締結する。

第１条（本契約の目的） 甲は、その所有する別紙記載の①の土地（以下「本件承役地」という）上に、乙が所有する別紙記載②の土地（以下「本件要役地」という）から公路に至る通行に利用する目的で、乙に対し通行地役権（以下「本件地役権」という）を設定する。
第２条（設定登記の期日） 甲は、乙のために第１条に定める地役権設定登記手続を令和○○年○月○日までに行うことを要する。
第３条（地役権設定の対価） 前条の地役権設定登記の申請と同時に、乙は甲に対し本件地役権の設定の対価として金○○万円を一時金として支払うものとする。
第４条（通行料の支払方法） 乙は、甲に対し、本件承役地の通行料として下記金額を下記方法によって支払う。

①　　金額　　　　毎月　金○○○○○円
②　　支払金額　　甲指定の金融機関への振込み

第５条（通行料の増額請求） 近隣の地価の変動に応じ、甲は乙に対し前条の通行料の増額を求めることができる。
第６条（地役権の附従性） 乙が本件要役地を譲渡するときは、本件地役権も本件要役地の譲渡人に移転するものとする。
第７条（存続期間） 本件地役権の存続期間は、本契約締結の月から20年間とする。
２　存続期間満了時に、双方から何らの意思表示のない場合には、同一の条件で本件地役権が設定されたものとし、以後も同様とする。
第８条（契約解除） 乙が第４条に定めた通行料の支払いを怠り、その他契約上の義務に違反した場合は、甲は相当の期間を定めた催告の上、本契約を解除することができる。なお、甲は損害があるときは、乙に対しその賠償を請求することができる。

本契約がここに成立したことを証するため、甲乙双方が記名押印する。また、本契約書を２通作成し、甲乙各自１通を保有することとする。

令和○○年○月○日

○○県○○市○○町○丁目○番○号
甲　　　　　　　　○○○○　㊞
□□県□□市□□町□丁目□番□号
乙　　　　　　　　○○○○　㊞

内容証明郵便の出し方

相手に心理的プレッシャーをかけることができる

内容証明郵便は、誰が、どんな内容の郵便を、誰に送ったのかを郵便局（日本郵便株式会社）が証明する特殊な郵便です。一般の郵便物でも書留郵便にしておけば、郵便物を引き受けた時から配達されるまでの保管記録は郵便局に残されます。しかし、書留では、郵便物の内容についての証明にはなりません。その点、内容証明郵便を配達証明つきにしておけば間違いがありません。郵便物を発信した事実から、その内容、さらには相手に配達されたことまで証明をしてもらえます。これは、後々訴訟になった場合の強力な証拠になります。書かれている内容自体はさほどのものでなくても、内容証明郵便で通知をすれば相手方に心理的なプレッシャーをかけることができます。

字数など

内容証明郵便は、受取人が１人の場合でも、同じ内容の文面の手紙を最低３通用意する必要があります。ただ、全部手書きである必要はなく、コピーでも大丈夫です。郵便局ではそのうち１通を受取人に送り、１通を局に保管し、もう１通は差出人に返してくれることになっています。同じ内容の文面を複数の相手方に送る場合には、「相手方の数＋２通」用意することになります。内容証明郵便は受取人にある程度のインパクトを与える郵便です。後々訴訟になった場合、証明力の高い文書として利用することにもなります。また、一度送ってしまうと、後で訂正はできません。このことから、内容証明郵便で出す文書は、事実関係を十分に調査・確認した上で正確に記入することが必要です。

内容証明郵便の書き方

用　紙	市販されているものもあるが、とくに指定はない。 B4判、A4判、B5判が使用されている。
文　字	日本語のみ。かな(ひらがな、カタカナ)、 漢字、数字(算用数字・漢数字)。 外国語不可。英字は不可(固有名詞に限り使用可)
文字数と行数	縦書きの場合　：20字以内×26行以内 横書きの場合①：20字以内×26行以内 横書きの場合②：26字以内×20行以内 横書きの場合③：13字以内×40行以内
料　金	文書1枚（480円）＋郵送料（84円）＋書留料（480円） ＋配達証明料（差出時350円）＝1394円 文書が1枚増えるごとに290円加算

※令和５年10月１日現在の料金

違法建築工事の中止を求める抗議書

抗議書

私は、貴社が建て売り分譲住宅を建設する予定地の隣地に住む者ですが、このたび、貴社が建設を進めている分譲住宅の基礎部分が境界上に接していることを確認しました。このままでは私が居住している建物には全く日が当たらなくなってしまうだけでなく、通風も害されてしまいます。

つきましては、本書面到達後、直ちに日照権・通風権を侵害するような違法な建物の建設工事を取りやめるよう、強く要求致します。

もし、貴社が何らかの措置をとらず、違法な建物の建設工事を進めるような場合には、やむなく法的手段に訴える用意があることを、念のため申し添えておきます。

令和○○年○月○日

東京都○○区○○1丁目2番3号

○○○○　印

東京都○○区○○1丁目1番1号

株式会社○○

代表取締役　○○○○殿

内容証明郵便で１枚の用紙に書ける文字数には制約があります。縦書きの場合は、１行20字以内、用紙１枚26行以内に収めます。横書きの場合は、①１行20字以内、用紙１枚26行以内、②１行13字以内、用紙１枚40行以内、③１行26字以内、用紙１枚20行以内の３つのパターンの書き方があります。つまり、用紙１枚に520字までを最大限とするわけです。もちろん、長文になれば、用紙は２枚、３枚となってもかまいません。ただ、枚数に制限はありませんが、１枚ごとに料金が必要になります。

郵便局へ持っていく

こうしてできた同文の書面３通（受取人が複数ある場合には、その数に２通を加えた数）と、差出人・受取人の住所氏名を書いた封筒を受取人の数だけ持って、郵便局の窓口へ持参します。内容証明郵便の取扱いを行っていない郵便局もあるため、取扱いを行っている郵便局（集配を行う郵便局と指定を受けている郵便局）に提出します。字数計算に誤りがあったときなどのために、訂正用の印鑑を持っていくのがよいでしょう。

郵便局に提出するのは、内容証明の文書、それに記載された差出人・受取人と同一の住所・氏名が書かれた封筒です。窓口で、それぞれの書面に「確かに何日に受け付けました」という内容の証明文と日付の明記されたスタンプが押されます。その後、文書を封筒に入れて再び窓口に差し出します。そして、引き替えに受領証と控え用の文書が交付されます。

なお、ネットを通じて24時間受付を行う電子内容証明郵便というサービスもあります。利用の方法など詳細については以下のウェブサイトを参照してください。

・e内容証明

https://www.post.japanpost.jp/service/enaiyo/index.html

通常訴訟手続

訴えを起こす裁判所はどこか

通常訴訟（通常の民事訴訟）となった場合、どこの裁判所に訴えを起こしたらよいのかを決める基準が管轄です。管轄とは、どの裁判所がどの事件を担当するかという仕事の割り振りのことです。管轄については、訴訟物（訴訟で主張される権利）の価値や性質、原告・被告の便宜、証拠の集めやすさなど、さまざまな事情を考慮して民事訴訟法や裁判所法で規定されています。

訴えを起こす裁判所は、地方裁判所・家庭裁判所・簡易裁判所のどれかです。通常訴訟は、地方裁判所か簡易裁判所のどちらかの裁判所に訴えを起こします。どちらの裁判所になるかは、訴訟物の価額（訴額）が140万円を超えるかどうかで決まります。140万円以下であれば簡易裁判所、140万円を超える場合は地方裁判所が管轄になります。ただし、訴額が140万円以下でも、不動産訴訟（境界確定訴訟や相隣関係訴訟など）であれば、簡易裁判所と地方裁判所が両方とも管轄裁判所になるので、どちらに訴えを起こしてもかまいません。

簡易裁判所か地方裁判所かが決まったら、次は、どの場所にある裁判所に訴えを起こすのかを決めなければなりません。基本的には被告の住所地を管轄する裁判所に訴えを起こします。被告が会社などの法人である場合は、原則として主要な事務所または営業所の所在地を管轄する裁判所が訴えを扱います。

また、不動産に関する訴えは、不動産の所在地を管轄する裁判所に訴えを起こすこともできます。たとえば、土地の所有権の確認を求める訴えを起こす場合は、被告の住所地を管轄する裁判所に訴えを起こしてもよいですし、当該土地の所在地を管轄する裁判所に訴えを起こしてもよいことになります。

第一審手続

民事訴訟は、当事者の一方が訴状を裁判所に提出することによって始まります。訴状には、請求の趣旨として、どのような判決を求めるのかを記載します。たとえば、「○○番地の土地は原告の所有に属することを確認する、との判決を求める」「別紙物件目録記載①の土地と同目録記載②の土地との境界は、別紙図面イ点とロ点を結ぶ直線であることを確定する、との判決を求める」と記載します。なお、境界確定の訴えの場合は、単に「○○番土地と□□番土地との境界の確定を求める」と記載すればよいとされています。

訴状が提出されると、裁判所は、訴状の副本（コピー）を被告に送達し、訴状に書いてあることについて、認めるのか反論するのかを書いた答弁書を裁判所に提出するように求めます。あわせて、訴状の送達とともに、第１回の口頭弁論期日を指定して、裁判所へ出頭するように当事者双方に呼出状を送ります。第１回の口頭弁論期日では、原告が訴状を口頭で陳述し、被告が提出済みの答弁書に基づいて原告の陳述内容を認めるのか反論するのかを口頭で陳述します。実際の陳述は簡略化されていて、原告は「訴状記載の通り陳述します」と述べ、被告は「答弁書記載の通り陳述します」と述べて終了するのが普通です。

続けて、争点を整理する作業（争点整理手続き）が行われます。原告の請求のうち、被告がどの点を争い、どの点は争っていないのかを明確にします。事実関係に争いがあれば、どちらの主張が正しいのかを判断するために証拠調べが行われます。証拠調べは裁判官の面前で行われますが、どんな証拠を提出するかは当事者の自由です。証拠調べを経て、争いがある事実につきどちらの主張が正しいのかを裁判官が認定し、原告の請求の当否について裁判所が判断できるようになると口頭弁論が終結します。

その後、裁判所は指定した期日に判決を言い渡します。判決とは、原告の請求に対する裁判所の判断です。原告の請求が正しいと判断したときは、原告の請求を認容します。この場合は、訴状の「請求の趣旨」欄に記載された通りの判断、たとえば、「○○番地の土地は原告の所有に属することを確認する」「別紙物件目録記載①の土地と同目録記載②の土地との境界は、別紙図面イ点とロ点を結ぶ直線であることを確定する」といった判決を言い渡します。これに対し、原告の請求が正しくないと判断したときは、請求棄却（訴えは受けつけるが原告の請求した内容が認められないとするもの）になります。この場合は、「原告の請求を棄却する」との判決を言い渡します。なお、境界確定の訴えの場合には、請求棄却の判決はなされず、裁判所は、合理的な判断基準に基づいて地番を表示し、図面などによって境界線を確定する判決を言い渡します。判決により第一審の手続きは終了します。

なお、令和４年（2022年）５月に、民事訴訟手続きのIT化（たとえば、オンラインによる訴状や答弁書などの提出、口頭弁論や

■ 訴え提起から判決まで

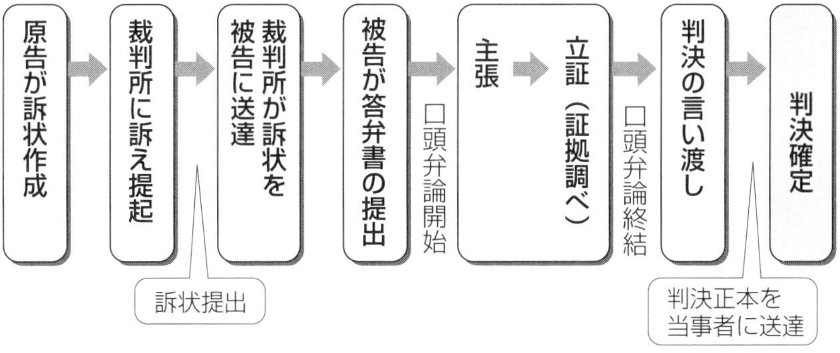

証人尋問などのオンライン実施）を促進させる規定などを盛り込んだ改正民事訴訟法が成立しました。改正民事訴訟法は段階的に施行されており、令和７年度中に全面的に施行される予定です。

訴訟上の和解

訴訟上の和解は、原告と被告が、訴訟手続きの進行中、口頭弁論期日において、裁判所（裁判官）の面前で、お互いに譲歩して訴訟を終わらせる意思を述べると成立します。和解に応じるかどうかは任意です。訴訟上の和解が成立すると訴訟は終了します。

和解の内容が和解調書に記載されると、その調書は確定判決と同様の効力をもちます。

判決に不服がある場合

原告・被告双方とも不満を抱くことなく判決を受け入れれば、２週間の経過により判決は確定します。しかし、いずれかが判決に不服で控訴の手続きをすると、判決は確定せず、訴訟は上級の裁判所（控訴審）へと移ります。控訴審も第一審とほぼ同様の流れで訴訟手続きが進み、再び判決が言い渡されます。このときの判決は、控訴に正当な理由がないとされれば控訴棄却、正当な理由があるとされれば控訴認容の判決になります。控訴審の判決が確定すれば、訴訟はそれで終了します。

控訴審の判決にも不服があれば上告の手続きをとり、もう一つ上級の裁判所（上告審）で審理してもらうこともできます。ただ、上告に際しては、憲法違反や重大な手続違反といった理由が必要です。上告を処理する裁判所（通常は最高裁判所）の判決に対しては、原則として不服を述べることはできません。この時点で、訴訟は完全に終了します。

境界確定の訴え

境界確定の訴え（境界確定訴訟）とは

通常、「どこからどこまでが誰のものか」という土地の所有権の範囲（私法上の境界）をめぐる紛争は、通常の民事訴訟で解決をつけます。

しかし、隣接する地番の境界（公法上の境界）が争われている場合には、そうはいきません。地番は国が決めるものなので、私人が所有物を自由に処理するようにはいかないのです（私人が勝手に地番を決めることはできません）。地番の境界を争うには、境界確定の訴えという特別な訴訟手続きによらなければなりません。境界確定の訴えとは、最高裁判所の判例によると、隣接する土地の境界が事実上不明なため争いがある場合に、裁判によって新たにその境界を確定することを求める訴訟であって、土地所有権の範囲の確認を目的とするものではないとされています。

通常訴訟（通常の民事訴訟）とは異なる点がある

私人だけでなく国にとっても土地の境界（公法上の境界）がどこなのかは重大な事項です。したがって、私人間で土地の境界を勝手に変更することは許されません。土地の境界は国にとっても重要で、境界確定の訴えには通常訴訟と異なる点があるのです。

まず、境界確定の訴えには請求棄却（227ページ）がありません。たとえば、Aさんが隣地の所有者は境界を30cm侵害していると主張し、本来の境界線を示して裁判所に境界確定の訴えを起こしたとします。ところが、実際の境界は隣地の所有者である被告の言う通りであった場合、通常訴訟では、原告であるAさんの言い分に理由がないので、Aさんの請求は棄却されます。

しかし、境界確定の訴えでは、棄却されずに本来あるべき境界について裁判所が実質判断を行い、当事者が境界について立証できなかったり、裁判所が証拠調べをしても境界が明確にならなかったりしても、Ａさんと隣地の所有者に公平になるように裁判所が境界を定めます。なお、一般の民事調停事件として、簡易裁判所で調停委員を含めて話し合いを行い、境界を定めることもできます。

また、境界確定の訴えは、単に隣接地の所有者間で所有権の範囲を確定する訴訟ではありません。公法上の境界を確定するものです。そのため、当事者間で自由に境界を決定できるという性質のものではありません。通常訴訟であれば、当事者が証拠を持ち寄って、それに従って裁判所が判決を下します。しかし、境界確定の訴えは、公法上の境界を確定するという特別な性質をもつことから、裁判所は必ずしも当事者の主張だけに拘束されるわけではないのです。

このような訴訟を、専門的には形式的形成訴訟といいます。最高裁判所の判例は、境界確定の訴えでは、境界について当事者間に合意が成立しても、その合意だけで境界を確定することは許されないものとしています。ただ、合意の事実を境界確定のための一資料とすることは差し支えないともしています。そのため、境界に関する合意をしていた場合、その合意は境界確定の訴えでは決定的な証拠とはなりませんが、有力な資料となることは確かなので、提出してみる価値はあります。

境界の確定資料

境界確定の訴えは、公法上の境界を確定するための訴訟なので、かなりの客観性が要求されます。裁判所は当事者の主張の他、以下のようなさまざまな資料に基づいて、境界確定を行います。

①　地図類

土地の状況を知るには地図が一番です。登記所に備え付けられている「法14条地図」は精度が高いものとして、証明力の高い資料となります。また、面積を明らかにできる「地積測量図」も資料になります。他に、「公図」も登記所にはありますが、あまり精度は高くありません。

② 境界標

土地の境界を示すものとして、杭や石が存在することもあります。

③ 地形など

地形がそのまま境界をなしていることは多いようです。その他には、山林・道路などの存在も重要です。

④ 土地の人間の証言・古文書

その土地を古くから知る人の証言や土地に関する古文書も資料となります。

⑤ 筆界特定委員による調査結果

当事者が準備する資料ではありませんが、筆界特定委員による

■ 境界の確定方法

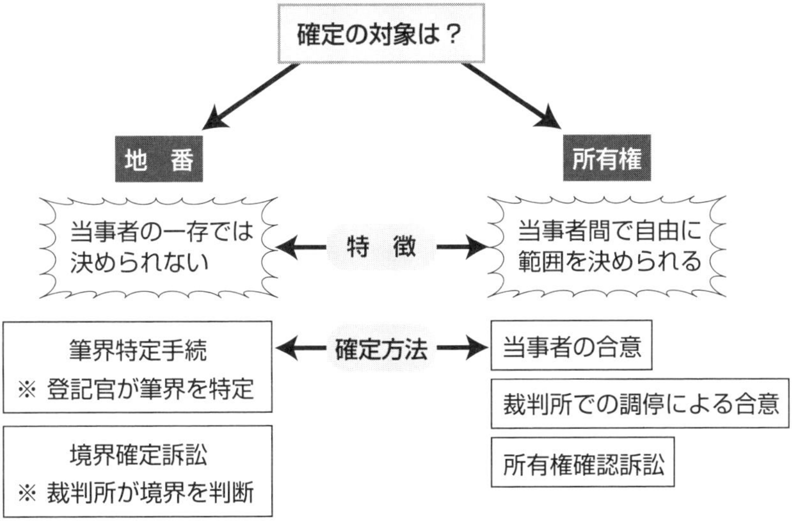

調査結果も資料とされます。

宅地の境界はどのように判断するのか

公法上の境界がどの位置にあるかを判断する際には、まず境界標の有無を確認します。境界標には石杭やコンクリート杭などがあります。また、塀や排水溝なども境界の位置を判断する際の参考になりますが、境界を無視して塀や排水溝などが造られていることもありますので、その点に注意する必要があります。

また、登記所に備え付けられた法14条地図、公図、地積測量図も、宅地の境界を判断する上で重要な資料になります。ただし、公図は法14条地図や地積測量図に比べると精度が低く、完全に信頼することはできません。逆に、法14条地図や地積測量図は精度が高いので、信頼性が高いといえます。

なお、公法上の境界については、土地の所有者らの合意で移動させることはできません。当事者が境界線の位置について一致した考えをもっていたとしても、必ずしもその位置が公法上の境界とはならないことに注意する必要があります。

境界確定の訴えにかかる費用

訴訟に要する費用といっても、訴訟にかかる期間などによっても異なりますが、主として以下の費用が必要になります。

①　訴訟費用

訴訟費用については、「民事訴訟費用に関する法律」で規定されています。訴訟費用には、まず裁判費用があります。具体的には、訴え提起時に納付すべき手数料、裁判所が当事者などに書類を送達するための費用（送達費用）、証人や鑑定人などを呼んだときに支払われる日当・宿泊料・鑑定料などがあります。境界確定の訴えの手数料は、係争地の固定資産評価額の２分の１を基準に計算します。訴え提起時に係争地の範囲が不明の場合は10万円として扱い、はっきりした時点で追加して納付します。訴訟費用は、基本的には敗訴者が負担します。

② 弁護士費用

自分で訴訟を行う（本人訴訟）のではなく、弁護士を立てる場合には、訴訟費用に加えて、弁護士に支払う着手金・報酬・実費がかかります。どれほどの弁護士費用がかかるのかは、ケース・バイ・ケースですが、事前に依頼しようと思う弁護士とよく相談しておくべきでしょう。

訴訟ではなく和解で決着をつける場合

境界に関する紛争を解決する方法としてよく利用されているのが、紛争の当事者同士で所有権の範囲（私法上の境界）を確認し、境界標を設置するという和解の方法です。和解した場合は和解条項（和解協定書）を作成しますが、土地の境界（公法上の境界）を当事者間で確定したものが和解条項に盛り込まれていても、それには法的効力がないことに注意を要します。土地の境界は私人の都合で変更できる性質のものではないからです。これに対し、和解条項のうち所有権の範囲を定めたものは有効です。また、境界を争っていた当事者が境界確定の訴えを起こしても、途中で裁判上の和解をすることができます。ただし、裁判上の和解をする場合、境界確定の訴えを所有権確認の訴えに変更することが必要です。土地の境界を当事者間の和解で勝手に決めることはできないためです。所有権確認の訴えに変更すれば、所有権の範囲について和解を成立させることができます。

書式　訴状（境界確定の訴え）

訴　　状

令和○○年○月○日

○○地方裁判所民事部　御中

原告訴訟代理人弁護士

○○　○○　㊞

〒○○○－○○○○　○○県○○市○○町○丁目○番○号

（原告）　○○　○○

〒○○○－○○○○　○○県○○市○○町○丁目○番○号

○○○○法律事務所　（送達場所）

原告訴訟代理人弁護士　○○　○○

ＴＥＬ　○○○－○○○－○○○○

ＦＡＸ　○○○－○○○－○○○○

〒○○○－○○○○　○○県○○市○○町○丁目○番○号

（被告）　○○　○○

土地境界確定請求事件

訴訟物の価額　金○○○○円

貼用印紙額　金○○○円

第１　請求の趣旨

１　別紙物件目録記載の土地①と土地②の境界は、別紙図面記載のＸ点とＹ点を結ぶ直線であることを確定する。

2　訴訟費用は被告の負担とする。

第2　請求の原因

1　原告は、別紙物件目録記載の土地①を所有し（甲第○号証）、被告は同目録記載の土地②を所有している（甲第○号証）。

2　土地①と土地②は隣接している（甲第○号証）。

3　原告は、土地①と土地②の境界を、別紙図面記載のX点とY点を結んだ直線であると主張して（甲第○号証）、土地①を令和○○年○月○日より占有使用している。

4　これに対して、被告は、土地①と土地②の境界を、別紙図面上のZ点とW点を結んだ直線であると主張し、Z、X、Y、W各点を結んだ直線で囲まれる土地部分を自己所有に属すると主張している。

5　したがって、原告は、本件境界確定を請求して、本訴に及んだ次第である。

証拠方法

1　甲第1号証　（○○○○○○）

2　甲第2号証　（○○○○○○）

⋮　　⋮　　⋮

添付書類

1	甲号証の写し	各1通
2	訴訟委任状	1通
3	不動産全部事項証明書	○通
⋮	⋮	⋮

（別紙）

物　件　目　録

土地①　所在　○○県○○市○○町○丁目

地番　○番１

地目　宅地

地積　○○．○○

土地②　所在　○○県○○市○○町○丁目

地番　○番２

地目　宅地

地積　○○．○○

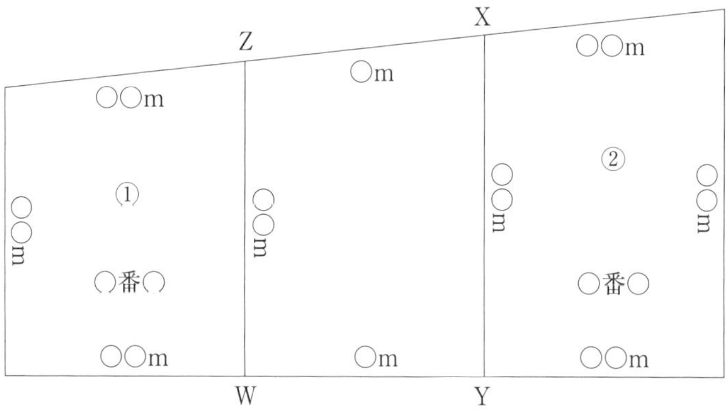

書式　答弁書（境界確定の訴え）

令和○○年　（　）　第○○○○号境界確定請求事件
原告　　　　○○　○○
被告　　　　○○　○○

答　　弁　　書

令和○○年○月○日

○○地方裁判所民事第○部　御中

〒○○○－○○○○　○○県○○市○○町○丁目○番○号
○○○○法律事務所　（送達場所）
被告訴訟代理人弁護士
○○　○○　　　印
ＴＥＬ　○○○－○○○－○○○○
ＦＡＸ　○○○－○○○－○○○○

第１　請求の趣旨に対する答弁
１　別紙物件目録記載の土地①と土地②の境界は、別紙図面上のＺ点とＷ点を結ぶ直線であることを確定する。
２　訴訟費用は原告の負担とする。
第２　請求の原因に対する答弁
１　請求の原因１について
原告の主張を認める。
２　請求の原因２について
原告の主張を認める。
３　請求の原因３について
原告が土地①と土地②の境界を、別紙図面記載のＸ点とＹ点を結んだ直線であると主張したことは否認する。

また、原告が、別紙図面記載のZ、X、Y、Wの各点を結んだ直線で囲まれる土地部分を、令和○○年○月○日より占有使用していることも否認する。

4　請求の原因4について

原告の主張を認める。

第3　被告の主張

被告は、令和□□年□月□日に、□□□□より、土地①との境界がZ点とW点を結んだ直線であるとして土地②を買い取っており、その時の実測及び登記簿上の地積の記載より、土地①と土地②の境界が、Z点とW点を結んだ直線であると認識して今日に至っている。

そして、原告は、今日に至るまで、何ら境界に関する主張をせず、Z、X、Y、Wの各点を結ぶ直線で囲まれた土地部分を占有使用することもなかった。

ゆえに、本件境界が、別紙図面記載のZ点とW点を結んだ直線であることは明らかである。

証拠方法

1　乙第1号証　(○○○○○○)

2　乙第2号証　(○○○○○○)

⋮　⋮　⋮

添付書類

1　乙号証の写し　各1通

2　訴訟委任状　1通

⋮　⋮　⋮

書式　訴訟上の和解条項

和　解　条　項

原告○○○○及び被告○○○○は、以下の各条項のとおり和解した。

1　原告及び被告は、別紙物件目録記載の土地①と土地②の境界を、ＺＸ間の中間点ＡとＷＹ間の中間点Ｂを結んだ直線であることを、相互に確認する。

2　原告及び被告は、別紙図面記載のＡ、Ｚ、Ｗ、Ｂ各点を結んだ直線で囲まれる土地部分を原告が所有し、Ａ、Ｘ、Ｙ、Ｂ各点を結んだ直線で囲まれる土地部分を被告が所有することを、相互に確認する。

3　被告は、原告に対して、和解金として金○○○万円を支払うものとする。

4　原告及び被告は、上記１、２及び３を確認するために、筆界確認書を２通作成し、それぞれに署名、捺印し、各１通を保管する。また、相互に印鑑登録証明書を交付する。

5　原告及び被告は、令和○○年○月○日に、上記３に規定する和解金とともに、筆界確認書及び印鑑登録証明書を各々交付する。

6　原告は土地①を、被告は土地②を、各々第三者に譲渡する場合は、当該第三者に対して、本和解条項を了知せしめ、本和解条項に規定する境界及び所有関係を承継させせなければならない。

7　上記１の境界に囲壁を設置するときは、原告及び被告は、協議の上、これを設置し、費用は各々が２分の１を負担するものとする。

8　上記７の協議が調わないときは、原告及び被告は、各々その所有地内において自己の負担する費用により、囲壁を設置する。その際、相手方に損害を与えてはならず、相手方は囲壁の施工に協力しなければならない。

9　原告及び被告は、相互に、本件に関して、本和解条項に規定するものの他は、何ら債権債務関係が存在しないことを確認する。

10　訴訟費用は各自の負担とする。

筆界特定手続

訴訟以外の境界確定のための制度

土地の境界（公法上の境界）は、私人間で勝手に決めてしまうことはできません。土地の境界を確定する法的手段としては、境界確定の訴え（229ページ）の他に「筆界特定制度」があります。

不動産登記法によると、筆界特定制度とは、一筆の土地およびこれに隣接する他の土地について、筆界（公法上の境界）の現地における位置を特定することです。筆界特定制度は、裁判所を利用しないで、行政に属する登記官が、簡易かつ迅速な手続きによって筆界を特定します。

もっとも、すべての登記官が筆界を特定する権限をもっているわけではなく、指定を受けた「筆界特定登記官」が筆界の特定を行います。筆界特定登記官を指定するのは、問題となっている土地の所在地を管轄する法務局または地方法務局の長です。筆界特定制度の趣旨は、迅速かつ適正な筆界の特定による紛争の早期解決にあるため、法務局または地方法務局の長は、手続処理の標準的期間を定めて公表しなければなりません。また、公法上の境界である筆界の特定にあたっては、詳細な事実調査と専門的な知識・経験が要求されます。そこで、必要な調査と意見を筆界特定登記官に提出してくれる「筆界調査委員」が任命されます。

手続きの流れ

ここでは筆界特定制度の手続きの流れを見ていきましょう。

① 申請

筆界の特定は申請から始まります。土地の筆界について紛争が生じた場合、その土地の所有権登記名義人などが、筆界特定登記官に対して、紛争となっている土地の筆界を特定するように申請します。筆界特定の申請は、対象となる土地の所在地を管轄する法務局または地方法務局の筆界特定登記官に対して行います。

申請の際には、申請人の住所・氏名の他、対象となる土地に関する情報（筆界特定申請情報）を示します。また、申請には手数料が必要であり、対象となる土地の価額によって金額が決まっています。たとえば、対象となる土地（２筆）の合計額が4000万円の場合、手数料は8000円です。詳細は管轄の法務局または地方法務局に問い合わせてみてください。

②　申請に不備があると

申請を受けた筆界特定登記官は、申請に手続上の不備がないかを審査します。具体的には、管轄が異なっていないか、手数料が納付されているか、申請人に申請権限があるか、といったことを審査します。ただし、不備があっても即刻却下というわけではなく、通常は、筆界特定登記官が不備を指摘し、手直しを求めてきます。これを「補正」といって、補正を行えば申請が受理されま

■ 筆界特定手続の流れ

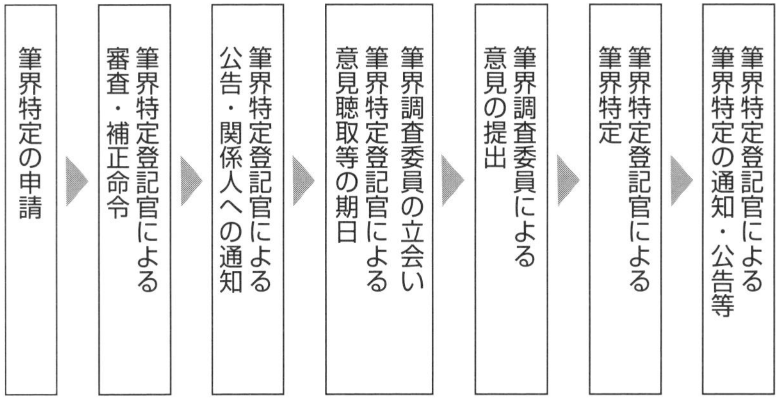

す。補正されない場合や、管轄が異なっている場合は、申請が却下されます。

③　**関係人への通知**

筆界特定は申請人だけの問題ではなく、隣接した土地の所有者といった利害関係人の問題でもあります。そのため、筆界特定申請があれば、筆界特定登記官はなるべく早く、申請があったことを公告（広く一般に知らせること）します。また、申請人以外で、対象となっている土地の所有権登記名義人などの関係人には、個別に通知をします。

④　**筆界調査委員とは**

土地の境界といっても公法上のものなので、特殊な専門的知識が必要になります。また、現場で土地を測量することも当然必要であり、そのための技術も要求されることになります。素人ではこれらの要求の実現は難しく、また、筆界特定登記官だけでは十分に対応し切れるものではありません。

そこで、筆界特定申請後に公告・通知が行われると、法務局（地方法務局）の長は、弁護士・土地家屋調査士の中から筆界調査委員を任命します。筆界調査委員は、専門的な知識・経験・技術を駆使して、筆界特定をサポートしていきます。

⑤　**資料の収集**

筆界特定には、詳細な資料の収集が求められます。そこで、筆界特定登記官の公告から筆界特定までの間、申請人や関係人は、土地の筆界について意見を述べたり資料を提出したりすることができ、筆界特定登記官は、その機会を与えなければなりません。

また、法務局（地方法務局）の長は、筆界特定のため必要があるときは、関係する行政機関の長・地方公共団体の長・公私の団体に対して、資料の提出その他必要な協力を求めることができます。

筆界の特定のための資料を提出するときを「意見聴取等の期

日」といいますが、筆界特定登記官は、この期日において、参考人に知っている事実の陳述をさせることができます。一方、筆界調査委員は、期日に立ち会う義務があり、筆界特定登記官の許可を得て、関係人に質問をすることができます。

なお、申請人と関係人は、公告から申請人に対する筆界特定の通知までの間、筆界特定登記官に対し、手続中に作成された調書や提出された資料の閲覧を請求する権利があります。正当な理由がない限り、筆界特定登記官は、この請求の拒絶はできません。

⑥　筆界の特定

以上の手続きに従って必要な調査が終了した後に、筆界調査委員は、なるべく早く、筆界特定についての意見を筆界特定登記官に提出します。この意見をふまえ、筆界特定登記官は、資料その他の各種事情を総合的に考慮して、筆界を特定します。なお、結論と理由の要旨は「筆界特定書」という書面に記載されます。

筆界を特定した後、筆界特定登記官は、なるべく早く筆界特定書の写しを申請人に交付し、公告します。さらに、関係人に対しても通知することになります。

境界確定の訴え（境界確定訴訟）が提起されたら

同じ土地について筆界特定手続きとともに境界確定の訴えが提起されていたら、どうなるのでしょうか。この場合は、次のような扱いとなります。まず、先に境界確定の訴えの判決が言い渡されていたら、その判断が優先されます。次に、筆界特定手続きが先の場合は、その記録が訴訟の場に提出されます。裁判所を拘束はしませんが、証拠としてかなり尊重されます。

書式　筆界特定申請書

筆界特定申請書

令和○年○月○日

○○法務局　筆界特定登記官　殿

申請の趣旨

後記1記載の甲地と乙地との筆界について、筆界の特定を求める。

申請人及び代理人の表示

申請人　　　○○市○○町○丁目○番○号　　　甲　山　一　郎

申請人代理人　○○市○○町○丁目○番○号

○○○○○　　法　村　律　子　㊞

電　話　000-0000-000

FAX　000-0000-000

筆界特定添付書面等の表示

□資格証明書　　■代理権限証書　　□相続証明書

□承継証明書　　□所有権（一部）取得証明書

□氏名変更（更正）証明書　　□住所変更（更正）証明書

■固定資産評価証明書　　■現地案内図

■手数料計算書　　□その他（　　　　　　　　）

※　該当箇所があれば□を■く塗りつぶす

1　対象土地及び対象土地に係る所有権登記名義人等の表示

甲地

不動産番号　○○○○○○○○○○○○○

所　　　在　○○市○○町○丁目

地　　　番　○番

地　　　目　宅地

地　　　積　○○．○○平方メートル

所有権登記名義人等　○○市○○町○丁目○番○号

申請人　　甲　山　一　郎

価　　　格　金○○○○○円

乙地

不動産番号　○○○○○○○○○○○○○

所　　　在　○○市○○町○丁目

地　　　番　○番

地　　　目　宅地

地　　　積　○○．○○平方メートル

所有権登記名義人等　○○市○○町○丁目○番○号

関係人　　乙　川　次　郎

（000 － 0000 － 0000）

価　　　格　金○○○○○円

2　関係土地及び関係土地に係る所有権登記名義人等の表示

関係土地１

不動産番号　　（略）
所　　在　　（略）
地　　番　　（略）
地　　目　　（略）
地　　積　　（略）
所有権登記名義人等　　（略）

関係土地２

所　　在　　○○市○○町○番地先（別紙図面中斜線で示した部分）
所有権登記名義人等　　（略）

3　筆界特定を必要とする理由

⑴　申請人は、甲地の所有権の登記名義人であり、甲地を自宅の敷地として利用している。

乙川次郎（以下「乙川」という。）は、乙地の所有権の登記名義人であり、乙地を資材置き場として使っている。

⑵　乙地は、甲地の東側隣接地であり（別紙図面参照）、甲地と乙地との間には、フェンスとして金網（以下「本件金網」という。）が設置されている。

⑶　令和○年○月頃、申請人は、甲地の一部を分筆して売却することにした。そのため、土地家屋調査士の丙山（以下「丙山調査士」という。）に筆界の確認や測量を含む分筆手続一切を依頼した。

⑷　丙山調査士は、甲地と乙地との筆界（以下「本件筆界」という。）について、乙川に立会い確認を依頼し、令和○年○月○日、申請人及び乙川の立会いのもと、筆界の確認が行われた。

申請人と丙山調査士は、本件金網のある位置（別紙図面のア点とイ点を結んだ直線上にある）が筆界であることの確認を求めた。ところが、乙川は、本件金網から西側約50センチメートルの位置に本件金網と平行して存在するコンクリート基礎（別紙図面のウ点とエ点を結んだ直線上にある）が筆界の位置を定めたものであるとして、筆界確認書への押印を拒んだ。

(5)　申請人と丙山調査士は、何度か乙川のもとを訪れ、筆界について話し合ったが、本件筆界の位置に関する認識の一致は得られなかった。

以上から、甲地の分筆ができず、土地の売却はできないことになるため、本件筆界について、筆界特定の申請に及んだ次第である。

(6)　なお、本件筆界以外の甲地の筆界については、各隣接地の所有者との間において筆界が確認されている。

4　対象土地及び関係土地の状況

別紙図面の通り

5　申請人が筆界として主張する線及びその根拠

(1)　申請人は、本件筆界は、甲地と乙地との間に設置された金網の位置（別紙図面のア点とイ点を結んだ直線）にあると主張する。その理由は、以下のとおりである。

(2)　（以下略）

6　関係人の主張

乙川は、金網の西側50センチメートルの位置に存在するコンクリート基礎（別紙図面のウ点とエ点を結んだ直線）が本件筆界の位置を示すものであると主張している。

7　筆界確定訴訟の有無

■　無

□　係属中（　　　　　裁判所　事件番号　令和　年（　）　　　　号

当事者の表示　原告　　　　　被告　　　　　　　　　）

8　申請情報と併せて提供する意見又は資料

資料等説明書記載のとおり。

手数料印紙はり付け欄（収入印紙をはってください。）
手数料額　○○○○ 円
申請手数料仮納付額
金　　円也（手数料額の通知があり次第，不足額を追加納付する。）

○○○○○　法　村　律　子　職　印

（代理権限証書、固定資産評価証明書、現地案内図、手数料計算書、別紙図面、資料説明書はいずれも省略。）

行政への不服申立てと行政上の強制執行

行政への不服申立て

行政活動によって権利・利益を侵害される国民はいかに救済されるのでしょうか。行政活動に関する救済の手段は次の２つに分類することが可能です。

①　行政不服申立て・異議申立て

まず、行政活動に違法または不当な状態がある場合、救済を望む個人には行政機関に不服を申し立てる手段があります。行政機関が取り扱うことから、行政活動の中の手続きの一環といえます。

②　行政事件訴訟

裁判所が取り扱う訴訟のうち、行政活動の違法な状態の解消を求めて国民が提起することができる訴訟をいいます。第三者である裁判所が審査する点で、より公平性・客観性が高い方法といえます。

行政不服申立ての身近な例としては、土地の収用裁決に対する審査請求があります。

たとえば、行政が道路や公園整備など公共事業を行う際に、個人の有する土地が必要となった場合、通常であれば土地の所有者と話し合いをもって契約により土地を取得します。しかし、収容に伴う補償額に折り合いがつかない場合のように、話し合いによる土地取得が困難となった場合は、行政が土地収用法の手続きに則り、土地所有者に補償をした上で、土地を取得することがあります（土地の収用裁決）。

この裁決に不服があれば、土地所有者は不服申立てを行うことができます。ただし、補償額に不服があるだけの場合には不服申立てはできません。補償額について争う場合は、②の行政事件訴訟を提起することになります。

義務の履行と行政による強制執行

国民の場合は、たとえ相手方が契約を守らないからといって、自分の手で強制的に契約内容を実現することは許されません（自力救済禁止の原則）。このことから、国民同士の約束違反には、裁判所に申し立てて、法律で定められた手続きを経て履行を実現していくことになります。

一方で、行政によって国民に課された義務を国民が守らない場合は、事情が異なります。この場合、行政側が裁判所に訴訟を起こしたり、強制執行を申し立てていたのでは、迅速に行政目的を達成することはできないため、行政には自分自身の手で強制執行をすることが認められています。これを行政上の強制執行といいます。行政上の強制執行には、代執行（行政代執行）、強制徴収、直接強制、執行罰などがありますが、このうち義務者が果たさない行為を、行政が代わって実現することを代執行（行政代執行）といいます。これは、性質上、他人が代わって履行することのできる義務（代替的作為義務）に限られます。

たとえば、近隣住民にとって通行の妨げになるほどのゴミの溜め込みが問題となる「ゴミ屋敷問題」があります。

代執行（行政代執行）を行うための要件は、行政代執行法という法律が定めています。具体的には、「①法律によって義務を命じても履行されない」「②代執行以外の方法では、履行確保が困難」「③不履行の放置が著しく公益に反する」ことが必要です。ゴミ屋敷問題では、文書によるゴミ解消の戒告を行い、指定期限までに義務者が履行しない場合には代執行をする旨の通知を行い、それでも指定期限までに義務が履行されないときには代執行が行われる可能性があります。なお、代執行に要した費用は義務者の負担とされ、義務者が費用を支払わない場合には、強制徴収の方法によって費用の支払が強制されます。

強制執行

強制執行とは

せっかく苦労して勝訴判決を手に入れも、それだけでは権利の実現を図ることはできません。判決は、紛争に対する裁判所の最終的な判断にすぎません。被告が判決に従って、自主的に判決内容を実現してくれる場合はよいのですが、被告の中には、判決を全く意に介さない人もいます。その場合は、強制執行をしなければなりません。

強制執行は、国家機関が、権利者の権利内容を強制的に実現する手続きです。強制執行の目的としては、借金を返済しないケースのように金銭の支払いを目的とする場合もありますが、建物を収去して土地を明け渡してもらうのを目的とする場合や、売買の目的物の引渡しを目的とする場合など、金銭の支払いを目的としない場合もあります。

たとえば、近隣トラブルで、隣接地の所有者によって建築基準法や民法に違反する塀が造られた場合に、塀の収去請求に勝訴した原告は、判決に基づいて塀の撤去などを求めることになります。

たいていの被告は、判決が確定すればそれに従いますが、そうでない場合は強制執行の手続きが必要になってきます。

どんなことが必要なのか

裁判に勝訴しても、ただちに強制執行ができるわけではありません。まず、強制執行の根拠となる債務名義という公的な文書を手に入れる必要があります。確定判決がその代表的なものですが、他にも執行受諾文言付公正証書、調停調書、和解調書、仮執行宣言付支払督促などがあります。

次に、債務名義の末尾に「強制執行をしてもよろしい」という趣旨の執行文をつけてもらいます（少額訴訟の確定判決や仮執行宣言付支払督促などは執行文が不要です）。さらに、あらかじめ債務者に債務名義の主旨を送達するか、または執行と同時に債務名義を示すよう義務付けられています。また、前者の送達を行ったときは、債務者が債務名義を確かに受け取ったという送達証明書を手に入れます。

執行機関に申し立てる

執行機関とは、強制執行を行う権限がある国の機関をいい、通常は地方裁判所か、地方裁判所にいる執行官が執行機関となります。大まかにいえば、不動産執行・債権執行については地方裁判所、動産執行については執行官が担当します。

なお、被告のどのような財産に強制執行を行うかは、基本的に原告の自由です。被告が不動産をもっていれば不動産執行を行い、そうでなければ、家財道具などを対象とする動産執行や、給与・預金などを対象とする債権執行を行います。

■ 強制執行手続の流れ（金銭執行の場合）

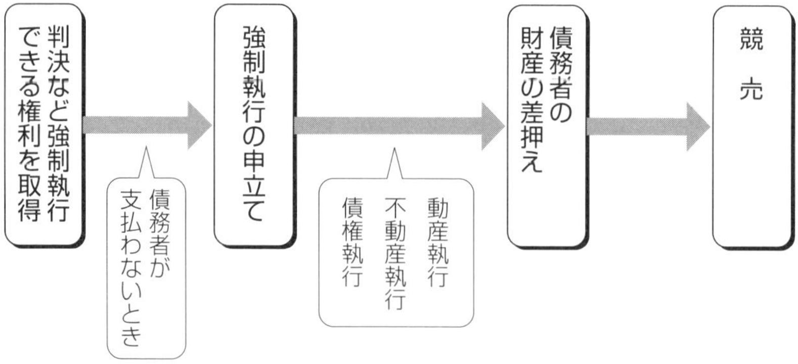

民事保全

保全処分はどんな場合に活用するのか

訴訟は時間がかかります。その間に、日々の生活のために利用している道路を通ることができなくなってしまったり、越境建築物の工事が完成して日照が侵害されてしまうと、被害者の生活に重大な支障を与えることになってしまいます。そこで、一時的に相手の通行妨害を止めさせたり、違法建築物の建築工事を禁止したりする必要がでてきます。

民事保全制度は、訴訟において判決が確定するまでの間、被告側の財産を一時的に差し押さえたり、差し迫った被害や危険を避けたりするためにとられる暫定的な措置をいいます。民事保全法という法律には、①仮差押、②係争物に関する仮処分、③仮の地位を定める仮処分、の３つが定められています。

民事保全手続は、相手方に察知されないように秘密裏に行われるのが原則です。実務では、裁判官は債権者の言い分だけを聴取し、一応確からしいという程度の心証（疎明）を得ると、迅速に財産保全などの保全命令を下します。債権者にはありがたい制度ですが、保全処分が認められるには、裁判官に、①保全されるべき権利（被保全権利）が債権者側に存在し、②その権利を保全すべき差し迫った理由（保全の必要性）が存在する、という２つの心証を与えることが必要です。

①の被保全権利とは、道路の通行権や日照権など、債権者が債務者に対して請求できる権利を指します。②の保全の必要性とは、違法建築物の建築工事が完成すると債権者が勝訴判決を得ても強制執行が不能になる場合や、通行が妨害されると日常生活に著しい支障を生ずるおそれがある場合などを指します。

保全命令を申し立てる際、債権者は担保（保証金）を納付することが必要です。担保の額は裁判官の裁量によって決まりますが、証拠が少ない場合は多めに、証拠が多い場合は少なめに支払うことになっています。担保は、現金または有価証券などを、法務局・地方法務局またはその支局・出張所に供託します。

仮差押・仮処分とは

仮差押とは、金銭の支払いを目的とする債権（金銭債権）のための保全手続きで、債務者による財産の処分を暫定的に禁止し、金銭債権の将来の強制執行を保全するために行われます。たとえば、ＡがＢに対して金銭債権を持っている場合に、ＡがＢの土地を仮差押すると、Ｂは自分の土地でも処分（売却など）に制限が加えられます。

これに対し、仮処分には、係争物に関する仮処分と仮の地位を定める仮処分とがあります。

・係争物に関する仮処分

金銭以外の請求権（目的物の引渡請求権や明渡請求権など）を保全するためになされるもので、占有移転禁止の仮処分と処分禁止の仮処分があります。たとえば、土地を買い受けた後、売主が所有権移転登記をしないまま第三者に売り渡す気配を見せていれば、その土地について処分禁止の仮処分を申請します。

・仮の地位を求める仮処分

争いのある権利義務や法律関係について、債権者に生じると思われる著しい損害や差し迫った危険を回避するため、暫定的な措置を求めるものです。たとえば、袋地に居住していて囲繞地通行権が認められるにもかかわらず、通路に塀や杭を打たれて通行が妨害されている場合、被害者が訴訟を終えるのを待っていたのでは、日常生活の維持が難しくなります。そこで、裁判所は、加害者に対して通行妨害禁止・妨害物除去の仮処分を命じます。とりあえず、将来的に被害者の主張が認められたとして、仮に通行妨害の禁止・妨害物の除去を命ずる判決が言い渡された状態にしておくわけです。

民事保全の手続きの流れ

仮差押・仮処分の手続きの流れはおおむね共通しています。

仮処分の手続きを見ていくと、仮処分の申立ては、申立書を管轄の執行機関に提出して行います。申立ての趣旨には、求める仮処分の内容を具体的に記述します。

申立ての理由には、被保全権利や保全の必要性について、裁判官を納得させるようにポイントを押さえて記載します。たとえば、係争物に関する仮処分では、目的物の引渡しを請求できる理由を、根拠条文に基づきながら記載します。その際、債務者が目的物を譲渡したり、目的物に担保権を設定したりして、将来の強制執行が困難になるおそれのあることを疎明（一応確からしいという程度の心証が得られる程度の説明）できるようにしておきます。

申立てを受けた執行機関は、債務者に対して一定の行為を命じたり、あるいは禁じたりすることや、保管人に目的物を保管させることなどの処分を命じることができます（保全命令）。

■ 民事保全手続きの流れ

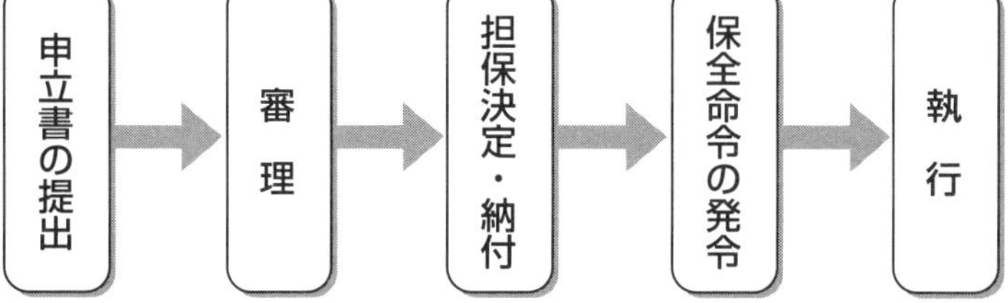

【監修者紹介】

木島　康雄（きじま　やすお）

1964年生まれ。京都大学法学部卒業。専修大学大学院修了。予備試験を経て司法試験合格。弁護士（第二東京弁護士会）、作家。過去40冊以上の実用書の公刊、日本経済新聞全国版でのコラム連載と取材の他、多数の雑誌等での掲載歴あり。現在、旬刊雑誌「税と経営」にて、300回を超える連載を継続中。作家としては、ファンタジー小説「クラムの物語」（市田印刷出版）を公刊。平成25年、ラブコメディー「恋する好色選挙法」（日本文学館）で「いますぐしよう！作家宣言２」大賞受賞。平成30年７月には「同級生はＡＶ女優」（文芸社）、令和４年４月には「認知症尊厳死」（つむぎ書房）同年10月には「真、桶狭間」（文芸社）を発表。
弁護士実務としては、相続、遺言、交通事故、入国管理、債権回収、債務整理、刑事事件等、幅広く手がけている。
主な監修書として、『図解で早わかり 民法【財産法】のしくみ』『図解で早わかり 改訂新版 刑法のしくみ』『図解で早わかり 行政法のしくみ』『小さな事業者【個人事業主・小規模企業】のための法律と税金 実務マニュアル』『図解とＱ＆Ａでわかる 建築基準法・消防法の法律知識』（小社刊）などがある。

木島法律事務所
〒134-0088　東京都江戸川区西葛西６丁目12番７号　ミル・メゾン301
TEL：03-6808-7738　FAX：03-6808-7783

すぐに役立つ
図解とQ&Aでわかる　最新
近隣問題【建築・道路・境界・住環境】の
法律とトラブル解決法

2024年５月20日　第１刷発行

監修者　木《き》島《じま》康《やす》雄《お》
発行者　前田俊秀
発行所　株式会社三修社
〒150-0001　東京都渋谷区神宮前2-2-22
TEL　03-3405-4511　FAX　03-3405-4522
振替　00190-9-72758
https://www.sanshusha.co.jp
印刷所　萩原印刷株式会社
製本所　牧製本印刷株式会社

ISBN978-4-384-04939-8 C2032